未来事業を導く
オープン
イノベーション術
DUAL-CAST™

知財ハンター
出村光世

妄想と具現

日経BP

『人間が想像できることは、人間が必ず実現できる』

SF小説家
ジュール・ガブリエル・ヴェルヌ

妄想プロジェクト

（イラストの出所はpp.48-70に記載しています）

（イラストの出所はpp.72-98に記載しています）

未来イシュー

はじめに

未来事業を生み出す現場の今

> 「明日から新規事業部で活躍してもらいたい。これまで営業、生産管理、マーケティングと
> 様々な部署で経験を積んできた君なら、我が社の歴史にない斬新な企画を思いついてくれ
> るはずだ。大いに期待しているよ」

　ある日突然こんな純真無垢な経営層の期待を背負って、新規事業部に着任するビジネスパーソンは少なくない。むしろ、こういったケースは多数派で、特に歴史が長い優良企業ほど、その傾向は強いと実感している。

　この経営層の判断は、半分は正しいが、半分は間違いだ。

　様々な部署で経験を積んだビジネスパーソンは、自社の得手不得手を熟知し、社内における高い「調整力」を持ち合わせている。これらの能力は新規事業を立ち上げるうえで不可欠な能力である。これが半分の正しさだ。このように抜擢される人材は得てして人間力も高く、社内からの信頼も厚いので、大きな期待が寄せられる。

　一方で、こういった人望の厚い新規事業担当者から、調整力だけでは解決できない課題があると相談されることが増えてきている。実際にあった、典型的な悩みを仮名で紹介しよう。

　新規事業開発部：片山さん（32歳 女性）
　「突然、新規事業担当になったのですが、何から始めたらいいのでしょうか」

　いくら優秀で人望が厚い人でも、急に新規事業を立ち上げよと命じられても困ってしまうのは容易に想像できる。特に前例のないことを求められると、これまで積み上げてきた自社の資産を生かしにくく、悩んでいる方は多い。

　新規事業の創出は、プロフェッショナルなスキルである。海外企業においてはそのポジションが明確に用意され、専門的な人材が流通しているが、日本企業においてはジョブローテーション制度の中で、急に着任するケースが数多く存在している。

　イノベーション推進室：飯村さん（35歳 男性）
　「これまで築いてきた社内外のネットワークを、新しい事業開発に生かせなくて困っています」

　これも高頻度で持ち込まれる悩みの一つだ。斬新なアイデアを形にするには組織としても担当者としても「自己拡張」が求められるので、担当者はおのずとこれまでのつながりの外に新たな情報やパートナーを求める。これは自然な流れだが、「どこに行けばよいのか？」「そこで自分のバックグラウンドとして何をプレゼンテーションすればいいのか？」と考え込み、足踏みしてしまうことが少なくないようだ。

　未来事業創造部：森さん（29歳 女性）
　「斬新なプランを提示したが、前例がなくて役員の同意を得られませんでした」

　強い違和感を抱いてしまう状況だが、これが最も多いといってもよい悩みである。これまでにない斬新な企画を期待されていたはずが、「前例がない」という理由で合意を得られないのは、この上ない不幸だ。このケースは企業体質が影響している可能性が高く、イノベーティブな企画を用意しても通らない、悲観的な状況だ。

研究開発部・事業創造担当：浅井さん (45歳 男性)
「自社の技術をどのように活用すればよいか、社内のメンバーだけでは拡張のアイデアが発想できずに困っています」

　企業は、既存事業のために様々な技術資産を保有している。しかしその技術資産は、既存事業の色が付き過ぎていたり、特許を取得して以来ずっと使われずに眠っていたりすることが少なくない。「もったいない！」と感じることはあっても、どうすれば未来の事業に活用できるのか、なかなか発想が広がらないという状況だ。

　未来事業を生み出す現場では、日々このような悲鳴が上がっている。

　いろいろな企業を観察してみると、「無意識な自前主義」や「短期的な合理性」がはびこっている企業では、こういった状況が多く生まれてしまうようだ。

　しかし安心してほしい。

　情熱をもった人材がチームを組み、ひとたび視点を変えることで、飛躍的な未来を描くことができる。そして共創を促すことで推進力が高いプロジェクトをデザインできる。

　本書では、これまで私が仲間のクリエイターたちと新規事業の立ち上げを支援する中で見いだしてきた共創のコツを体系化している。

　前出のような課題を抱える新規事業担当者や、新規事業を支える研究者やクリエイターと体系を共有し、オープンイノベーションを通して世界の進化のスピードが速まっていくことを願っている。

はじめまして、知財ハンターです。

　この本を手に取ってくれた読者と問題意識を合わせるために、現場の声を取り上げることから始めてみたが、共感からうなずいてしまった読者は、本書で得られるものが大きいはずだ。

　本書では、自社のバイアスを打破し、飛躍的なアイデアを妄想し、プロトタイピングによって未来事業を具現化するためのオープンイノベーション術をまとめている。ポイントは「**新規事業担当者×研究者×クリエイターのコラボレーション**」にある。様々な実例から抽出した成功例を、一つの体系に紡ぎ上げているので、新規事業部・研究開発部・知財管理部など、「未来事業」の創造を担っているビジネスパーソンに、明日の一歩を踏み出すヒントを受け取ってもらえるとうれしい。

　そして、クリエイター各位へ。

　商品広告やブランドデザインを得意としているクリエイターと共有したいのは、未来事業開発は「可視化スキル」と「体験化スキル」が大きく役立つという事実だ。一人でも多くのクリエイターが、未来を導くプロジェクトに関与できる。そんな世界をつくっていきたいと願っている。

　本編に入る前に、背景として私が代表を務めるクリエイティブカンパニー・Konel（コネル）とイノベーションメディア・知財図鑑を紹介する。

Konel と知財図鑑

　Konelの設立は2011年。以前はアクセンチュアというコンサルティング企業に勤めていた。国家的な大規模プロジェクトで左脳をフル回転させ続けていた反動で、ロジカルシンキングだけでなくクリエイティブなアウトプットで世界に貢献したいと一念発起し、大学時代の音楽仲間であった荻野靖洋（現・Konelの**Chief Technical Officer**）と、宮田大（現・Konelの**Cheif Creative Officer**）に声をかけた。まるで「バンド組もう」と声をかけるくらいの軽やかな気持ちで、勢いで創業した。合理的に正解を導くのではなく、「こっちの方がかっこよくない？」「いや、ぜんぜんダサい」といった調子で感覚的にぶつかっていける間柄で、ビジネス畑とテック畑とデザイン畑が融合して生まれたのがKonelというチームだ。

　現在はブランドデザイン・研究開発・アートなど領域を横断して活動する越境型クリエイティブ集団として、30を超える職種のクリエイターが混ざりながら、企画や制作活動に勤しんでいる。日本橋（東京）、金沢、下北沢に拠点を構えているが、日本を転々としながら働いたり、海外へ移住したりするメンバーもいる。これまで所属してきたメンバーの国籍は日本、米国、インドネシア、ベトナム、韓国、台湾、ドイツなど、10を超えており、職種もデザイナー、エンジニア、コピーライター、プランナー、プロデューサー、書道家と様々で、平均して一人2～3職種を掛け持ちし、創業以来ずっと人の数より職種の数が多い状態が続いている。働き方もそれぞれだ。正社員、フリーランス所属、インターンシップ、大企業に勤めながらのパラレルワーカーなど、メンバーのライフスタイルにフィットする形で活動している。

　文化や興味の的、働き方や拠点がバラバラである私たちが空中分解しないよう、共有しているキーワードがある。それは「欲望を形に。」という合言葉だ。

　自社発信のプロジェクトもクライアントワークも、自分たちが心底欲しいと思えるものだけを生み出し続けよう。本音を交わさずにアウトプットする仕事はやめよう、という価値基準を合言葉で共有している。そのせいで偏りが生まれたり、意見がぶつかったりすることも少なくないが、独自性の高いアウトプットが生まれやすいという手応えを感じている。

　欲望を形にする、とはクリエイターとしてのマインドであると同時に、アイデアを発想のまま終わらせず体験を通して未来を検証する姿勢でもある。これまでに参画してきたオープンイノベーション型のプロジェクトで、どのような未来の体験を共創してきたのか、いくつか例を紹介しよう（**図表0-1**）。

- 気象データを基に3Dフードプリンターで調理する「サイバー和菓子」
- 市民から脳波データを自動で買い取り、唯一無二の絵画を生成する「BWTC」
- 室内の感情を栄養にして育つデジタル植物「Log Flower（ログフラワー）」
- 世界のトレンドからプレイリストを生成するラジオ「MOMENT TUNER（モーメントチューナー）」
- 遠隔診療の選択肢を拡張する無人医療ブース「スマートライフボックス」
- 日常生活で見過ごす"美"にしおりをはさむメガネ「SHUTTER Glass（シャッターグラス）」

　これらは専門家や企業と共創してきた一部の事例だが、いずれも言葉だけではイメージしづらいと思うので、体験については本書の後半で説明する。

　これらのアウトプットに共通しているのは、未来の生活を示唆するようなスペキュラティブ（推測的）なアプローチだ。そこで重要になってくるのが「リアリティー」。つまり非現実的で幻想的な体験ではなく、「これは起こりうる未来だ」という予感を受け取れることを重視している。

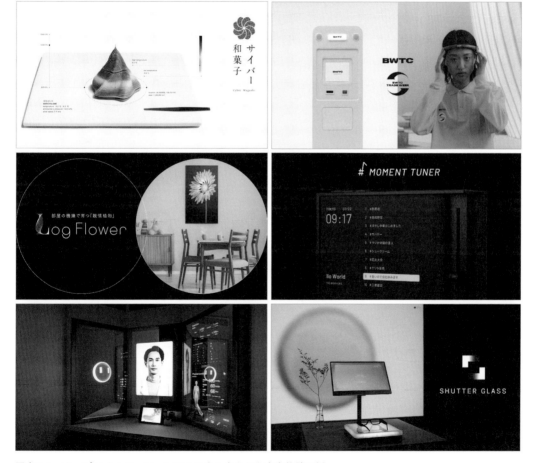

図表0-1　オープンイノベーションにより生み出された未来体験の例
出所：電通（左上）、Konel（右上）、東急エージェンシー（左中央）、博報堂（右中央）、ネクイノ（左下）、NEC（右下）

そのリアリティーの根源が、本書のタイトルである「妄想と具現」の力だ。「妄想」には様々な立場から洞察する未来のイシューが、「具現」にはテクノロジーが欠かせない。

Konelと知財図鑑では、四六時中、イシューとテクノロジーの話題が飛び交い、妄想と具現を繰り返している。例えば「未来では本業と副業という区別はなくなりパラレルワークが当たり前になる」とか「すべての食事はパーソナライズされて自動調理される」といった調子だ。

持ち込みテック

そしてここ数年、様々な領域の企業や研究者から「この技術を未来づくりに生かせませんか？」という相談が急増している。そうやって我々に届く技術を愛着を込めて「持ち込みテック」と呼んでいる。

持ち込みテックは、漏れなくいつも興味深い。そして、未来への活用方法に迷っている。

「あるとき実験していたら、たまたまこんな素材ができたんですよ。見たことない光り方するのよ、すごいでしょ！これで誰か喜ばせられないかな？そしてあわよくばビジネスにできないかな……」

ビジネス上の収益性が見えないと研究が続けられない、という相談者の心の声を聞きながら、私はいつもその情熱に感動する。そう、技術とはビジネスありきで開発されるのが当たり前なのではなく、研究者の偏愛や、偶然の重なりによって生まれることが多々あって、そういう技術ほどユニークで面白い。

ここで一つの例を挙げよう。2018年にプロトタイピングした「Transparent TABLE」（トランスペアレントテーブル）は、パナソニックの研究所から持ち込まれた「マルチタッチモニター」技術がきっかけで生まれた未来の会議テーブルだ。

この技術を端的に説明すると、複数人で同時に操作しても、誰がどこを触ったか識別できるディスプレーモニターである。持ち込まれた当初、このマルチタッチモニターには「モグラたたき」のゲームが実装されていた。確かにこの技術の特性を生かすにはモグラたたきはキャッチーで分か

りやすい。ゲームセンターにある昔ながらのモグラたたきと違って、これなら同時に対戦できる。しかも、とてもシンプルなルールなので迷わず迅速に開発できそうだし、何より作っているときも楽しそうだ。こういうMVP（Minimum Viable Product：実用最小限の製品）の作り方はとてもリスペクトできる。

　ただ、「モグラたたき」では事業性の高いマーケットを生み出すことは期待できず、世の中への影響力も限定される。そのためかこの技術は開発された後、我々の下に持ち込まれるまではラボで待機している時間が長かったようだ。

　時を同じくして、米国テキサス州で開催された大規模なテックカンファレンス「SXSW」（サウス・バイ・サウス・ウエスト）で「Transparent API」という技術に出合った。会話の音声から文脈を理解し、その会話に関連する「画像群」をインターネットから引っ張ってきてくれるビジュアライジングのテクノロジーだ。言葉はいつも曖昧なもので、意味が伝わらなかったり、「言った・言ってない」というもめごとが生まれたりする。でも会話に合わせて関連する画像群が目の前に現れると、自分が伝えたかった言葉の意図を正確に素早く示し、認識を合わせることができる。「この技術を何に応用すると面白いか？」とパナソニック Wonder LAB Osakaの福井崇之氏とTransparent APIの開発者である井口尊仁氏（現Audio Metaverse 創業者 CEO）の３人で盛り上がっていた。

　盛り上がり始めて間もなく、「パナソニックの研究所にしまわれていたマルチタッチモニター技術と組み合わせて会議で使えば面白い。会議では認識齟齬（そご）が起こりやすいが、Transparent APIを組み合わせればスムーズに意思疎通ができるようになるに違いない」というアイデアが生まれた。そして発想されたのが「手ぶらで話せる未来の会議テーブル」というコンセプトだ。コンセプトの下で、会話は弾む。

「会議って始めるまでにプロジェクターとPCをつなぐ手間があって、リズムが悪い」
「企画会議では、いつも新人がGoogle画像検索でみんなの発言が指すものを探してるね」
「議事録って記録するのも大変だし、読んで振り返るのもカロリーがかかる」

　普段は当たり前だと思って無意識に続けていた会議のプロセスの中に、いろいろなペインが見つかり「手ぶらで話せる未来の会議テーブル」の体験が浮かび上がってきた。

ここまでくれば、あとは作るだけ。

チーム全体が作りたくてウズウズし、まもなく3テーブルの3Dモデルが生まれ、画面のUIデザインが描かれ、体験設計が詳細に議論され、プロトタイプが誕生した。

最初の企画会議からプロトタイプの完成までの期間は、わずか38日間。あっという間に未来が体験できる状態になった。

まさに「三人寄れば文殊の知恵」。大企業・起業家・クリエイターが垣根を超えてアイデアが妄想され、そして具現化される共創のプロセスは実にダイナミックな経験となった。

Transparent APIとマルチタッチモニターを組み合わせて作ったテーブル「Transparent Table」を囲んでミーティングを始めると、会話の中で登場するキーワードに関連する画像が即座にテーブル上に表示される。例えば「ギョーザ」というテーマで複数人が会話をしているとしよう。同じギョーザという言葉でも、それぞれが思い浮かべているギョーザのサイズや形状、焼き目の塩梅は少しずつ異なっているものだが、ディスプレーに複数のギョーザの画像が表示されるので、会話を進行させながら視覚的なイメージの共有が自然とできるのだ。モグラたたきさながら、画面をタッチしてピン留めしたイメージ画像は参加メンバーごとに画像議事録としてクラウド上に保存され、スマートフォンからも気軽にアクセスできるのでミーティング後の共有もスムーズである。従来の会議にありがちなイメージのすれ違いや議事録の手間など、非生産的なステップをばっさり省略し、手ぶらで創造的なミーティングができるのだ。

このプロトタイプは東京国際フォーラムで開催された「パナソニック創業100周年イベントNEXT100」にてお披露目された（**図表0-2**）。

プロトタイプの横には、会議だけでなく、医療や教育、行政などでの応用シーンを妄想して展示した。さらに「この技術を応用してどんな未来が想像できるでしょうか？」と書いたメッセージボードと付箋紙を用意しておくと、来場者の妄想が自然といくつも集まった。

こうして、モグラたたきでペンディングしていたマルチタッチモニター技術は「未来の会議テーブル」へと生まれ変わり、「こんなシーンでも使えないか」「こんな応用方法も考えられないか」と

図表0-2　「パナソニック創業100周年イベント NEXT100」でお披露目した「Transparent Table」
出所：Konel

いった建設的なフィードバックを様々な来場者から得ることができた。ラボで待機していた技術と最先端のテクノロジーが組み合わさったことで、爆速で未来を引き寄せることができた。

　これは、クリエイターとしての活動方針に大きく影響する原体験となった。38日間、ずっとワクワクしていた。そして展示が終わった直後、焦燥感にも似たソワソワがやってきた。

　そのソワソワは、マルチタッチモニター技術のように応用の可能性を秘めているのにその力を存分に発揮できていないテクノロジーが、実は世の中にたくさん埋まっているのでは？という予感から来るものだ。「もったいない！」という焦りと、未知の技術と出合える武者震いとが、ない交ぜになったような感情だった。

　そしてその予感は、後に的中した。

知財と事業をマッチングさせる「知財図鑑」

「持ち込みテック」という形で、私たちの下に特許技術をはじめとした知的財産（以下、知財）の活用を求める相談が来るようになって発見したことがある。それは、多くの知財がビジネスを生み出す事業開発者の視界に入りにくいという実態だ。

経済産業省・特許庁から発行されている「特許行政年次報告書」に目を通すと、その問題の輪郭がくっきりと見える。2021年版の同報告によれば、日本企業の研究開発への投資金額は世界第3位である一方、国内特許の「利用」状況は50％前後と主要先進国の中では下位である。「利用」とは特許に対応する商品を作っていること、あるいは特許に対応する事業を行っていることを指す。つまり、国内特許技術のおよそ半数は、権利の防衛目的に出願されたか、事業化の前提なく出願されたが使われることなく保管されているようにも見受けられる。

もしこの解釈が正しいとするなら、未来の会議テーブルを開発した際に抱いた焦燥感は、あながちズレていない。

なんと、もったいない話だろう。

「持ち込みテックに、新たな出合いを見つけたい」

そうして2020年、Konelの社内プロジェクトとして立ち上がったのがイノベーションメディア「知財図鑑」だ。「世界を進化させる非研究者のための知財データベース」と銘打ち、分かりやすく知財を紹介することによって、知財業界や研究畑からだけでなく、新規事業開発者やクリエイターたちからも反響を得ることとなった。メディアの公開から間もなく、取り組みの社会的な意義が評価され、グッドデザイン賞（2020年度）を受賞することになった。

その時の講評は以下のようなものだった。

「（知財図鑑は）単に特許の概要やポイントを紹介するだけでなく、社会に実装され、活用されることを意識してつくられている。個々の知財の価値を、具体的な活用ビジョンや将来像も含めて紹介することで、知財への関心を高め、活用範囲を拡張する役割を果たした。思

わず使いたくなるような見やすさと、興味深い内容、インターフェースの工夫も素晴らしい。休眠特許の掘り起こしなど、具体的な成果も出ている。今後、知財活用のプラットフォームとして定着し、多くのクリエイティブの誘発につながることを期待したい。」

　私たちが目指したのは「知財への関心を高め、活用範囲を拡張し、応用のチャレンジを誘発」することだった。そこが正しく評価されたことは、今もなお迷わず活動に注力することにつながっている。

　そうして「知財図鑑」を始めてから3年、知財図鑑の編集部に持ち込まれる技術は日に日に増え、掲載している知財は750を上回り、知財を用いた未来の妄想を発信し続けている。するとインターネットを介して「知財図鑑で紹介しているこの技術を、こんな事業に活用した」というマッチングが生まれるようになった。

技術を未来事業へ導くためのオープンイノベーション術

　知財図鑑では、「非研究者」、つまりはビジネスをつくる事業開発者に知財が持つ可能性を届けるために、知財の良さを分解し、技術用語を翻訳し、知財によってでき得る未来を妄想し、発信している。そして、反応がよい妄想はプロトタイプを試作して体験を生み出すプロジェクトに発展している。

　価値を分かりやすく、スピーディーに理解してもらうことが本職であるクリエイターにとって、この一連の流れはごく自然なことだったが、相談を持ちかけてくれる企業の技術者や知財管理者から、ことごとく「なぜそんなことを思いつけるのか？」「うちの研究員にもそういう発想ができるようになるか？」と質問を受け続けてきた。何度もそう言われるうちに自分でも疑問が湧いてきた。

　確かに、特定の技術の専門家でもない私たちが、なぜ新たな活用法を思いつくことができるのだろう。

　これが、私たちがクリエイティブの世界で自然と身に付けてきた発想法や、無自覚に行ってきたアイデアの推敲法を改めてきちんと体系化する契機となった。

　ある技術を、まるで大喜利のお題のように設定して未来の活用方法を「妄想」し、実装力でそれを「具現」し、仲間を魅了し、事業化に向けてプロジェクトに発展させていく。私たちはこの一連の手法を、「**DUAL-CAST**」（デュアルキャスト）と名付け、オープンイノベーションのプロジェクトをデザインするための手法として体系化した。

　本書には「DUAL-CAST」の方法論や具体例を盛り込んでいる。読み進めながら順に「DUAL-CAST」の一連をトレースするも、あるいは自社の状況に合わせて部分的に活用することもできる。

　冒頭の序章では、私たちが知財の世界に足を踏み入れて見えてきた、知財を取り巻く現状や世界における日本の科学技術の状況を共有する。専門的なトピックも含まれるため、いち早く「DUAL-CAST」の中身に触れたい読者は、「妄想プロジェクト」を図鑑形式で取りまとめたCHAPTER 1からページを開くのもよい。

　CHAPTER 2では「DUAL-CAST」の体系について紹介し、CHAPTER 3～7にかけてはその具体例についてひもといていく。CHAPTER 8には私たちが「DUAL-CAST」の開発に至るまでに経験した、オープンイノベーションの実例を用意している。

　この本が優れた技術を持ちながらも立ち止まっている人々の思考を柔らかく広げ、いまだ存在しない事業や未来のサービスを立ち上げるためのヒントとなることを願っている。

新時代の知財ライフサイクル

序章

知財から未来事業を妄想する

「自由に未来のサービスを考えてください」と言われても、どこから手を付けていいか分からずに困ってしまう人は多いだろう。これは企業における新規事業担当者が悩む共通項なのではないだろうか。変化が激しい社会がどの方角に向かうか予測しながら、自分たちのミッションやバリューと照らし合わせて、存在しない事業を妄想するのはとても難儀な仕事である。

そこで本書が勧めるのは、「知財」を出発点にすることだ。知財から未来事業を妄想することで、今の世の中に足りないピースを発見し、未来事業の着想を得ることができる。具体的なメソッドは本編で詳しく紹介していくが、その前に、新規事業の起点になる「知財」とはどういうものかを押さえておこう。

私たちが「知財」と呼んでいるのは、いわゆる特許のことだけを指しているのではない。人々の知的活動から生まれてくる資産全般を「知財」として広義に捉えている。そこにはサービスやプロダクト、アイデアまで幅広く含まれている。つまり、知財とは必ずしも一握りの研究者やアーティストだけがつくることができるものではなく、経済的な価値のある（かもしれない）情報のことだ。例えば小学生の自由研究も、好みのままにアレンジしたラーメンのレシピも、帰り道にふと思い

ついたご機嫌な鼻歌も、知財になり得るかもしれない。そういったアイデアやコンセプトを含めた知財をコントロールするための権利が、特許を含む「知的財産権」だ。

　もう一歩掘り下げると、多くの人が耳にしたことがあるであろう、小説や絵画、音楽などの著作物に関する「著作権」、技術に関する「特許権」、物品のデザインに関する「意匠権」、商品やサービスに付ける名称に関する「商標権」など、これらの権利を総称して「知的財産権」という。こうした権利に対して、ニュースやSNSなどでは「権利侵害」という言葉が一緒に使われることが多く、知財や特許には「権利を保護する」方向のイメージが強く伴う。しかし、知財は「保護と利用」の二面性があり、シチュエーションに合わせてその両輪を意識することがビジネスや産業を推し進める鍵となる。

特許の両輪「保護と利用」

　知財の中で最もメジャーな「特許」について、基本的なことから押さえておきたい。知財として認められる特許とは、「自然法則を利用した、高度な技術的発明」とされている。つまり、人為的な創作（金融・保険制度・ゲームのルールなど）は特許の対象とならず、技術的な創作でない真理や原理の発見（万有引力の法則、新たな宇宙物質の発見など）も保護の対象外となっている。また、技術的に高度ではない「ちょっとした発明」は、特許ではなく「実用新案」になる。実用新案は「物品の構造または形状に関するアイデア」を権利保護の対象としている。普段のビジネスの現場ではなかなか出てこないような硬い話だが、ここを理解しておくことで共通言語は増える。

　特許法第1条は、こう始まる。

　特許法第1条
　「この法律は、発明の保護及び利用を図ることにより、発明を奨励し、もつて産業の発達に
　寄与することを目的とする。」

　この通り、まず特許には「産業の発達に寄与すること」という目的が与えられている。つまり、新しく生まれた「発明」は経済活動をより一層成長させることを目指しており、その実現のために発明の「保護」および「利用」を同時に促している。

この「保護」とは具体的に何か。端的に言えば、特許の権利を持っている人や企業だけが発明を独占的に実施できるように発明を財産として扱い、第三者から侵害されないように守ることだ。これは、独占排他権とも呼ばれる。

次に「利用」について。出願された特許は一定期間を過ぎるとその詳細が特許公報という形で公開される。公開された情報を「利用」することにより新たな発明が生まれるのだ。また、公開されることで二重に同様の研究する人が減り、同じ轍（わだち）をたどることに時間を消費せず、研究者はそれぞれのリソースをオリジナリティーの高い活動に充てることができる。発明は累積的に発展していくものであるから、公開により社会全体の利益は大きくなる。すべての研究室は密室でそれぞれに孤立しているのではなく、特許公報を介したネットワークで通信しているともいえる。

特許技術が適切に「利用」されれば、産業の発達スピードは加速してゆく。しかし、発明者に正しく利益がもたらされ、モチベーションを高く持ち続けられるよう、単にまねされることを避けるための「保護」の側面も補完しないといけない。「保護」と「利用」、この両輪が特許の基軸となっている。

世界を進化させる、開かれた知財

優れた技術やアイデア、価値ある情報をオープンに公開する人が増えると、そこに反応する人が増えることで議論が活発化する。生まれた発明を自社内に閉ざすことなく、他社の技術や外部のアイデアを組み合わせて、新しい事業として磨き込む。このような知財のオープン戦略はしばしば大きなイノベーションを起こすきっかけにもなる。

知財が開かれたことで市場が拡大し、多くの人々が便益を得た事例はこれまでもたくさんある。例えば、食料事情が深刻だった戦時中の日本、キッコーマンは大豆に代わる原料から醤油（しょうゆ）を醸造する「新式1号醤油製造法」を開発するも、業界全体に利益をもたらすと考え、この技術を無償で公開した。そうして国民の食卓は急速に豊かに発展した。いわずもがなキッコーマンはいまでも醤油産業におけるリーディングカンパニーとして最前線を走り続けている。

スウェーデンの自動車メーカー、ボルボ・カー社は、1959年に「3点式シートベルト」を発明して特許を取得するが、「安全は独占されるべきものではない」という考えからこの特許を無償で

公開し、3点式シートベルトは全世界の自動車に標準装備されている。今なお車社会において私たちを守る、欠かせない安全装置だ。ボルボ・カー社は現在、自動車メーカーの中でも特に事故を減らすために積極的に投資し、「安全」に関する高いブランドイメージを維持している。

　自動車業界で言えば、トヨタ自動車も2019年に電気自動車に関連する技術について、「自社保有の特許約2万3740件の実施権を2030年末まで無償で提供する」ことを発表した。自社の特許を他社も使えるようにすることで、業界全体で電気自動車の普及と市場拡大を目指すという意志が感じられる。

　2020年以降の新型コロナウイルス感染症（COVID-19）禍において東京工業大学は、疫病がもたらす社会の深刻な影響を克服するために保有する特許131件を一定期間、無償で開放した。その中には殺菌技術やe-ラーニング（遠隔学習システム）技術、介護者を支援するロボット技術などを含み、COVID-19対策に寄与する事業化の加速や新たな活用方法を通じ、社会の再起動に向けて貢献し、広く支持を集めた。

　このように食から車、医療に至るまで、知財がオープンに活用されることで世界は着実に豊かになってきた。眼前の収益だけではなく、長い目で考えた計画が、ひいては人類にとっての財産になる。そして公開した企業や研究機関はその後も努力を続け、それぞれの業界産業の中でも中核的な存在として活躍している。知財のオープン化は世界を進化させ、知財保有者と利用者の双方にとってプラスに働くことができる。

発酵する知財たち

　知財を数字の側面から捉えてみよう。

　図表0-3は、日本を含めた世界の主要な5つの特許庁の特許出願数を示している。CINPA（中国）の出願件数が目覚ましく急進していることには驚くが、USPTO（米国）、JPO（日本）、KIPO（韓国）、EPO（欧州）においては、ここ10年間おおむね一定の水準を維持している。この5庁で世界の特許出願件数のおよそ8割を占めていることもあり、日本は世界における発明のスターティングメンバーと言えるだろう。

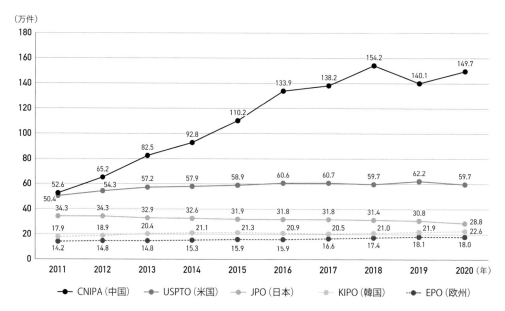

図表0-3　特許出願数（世界）の状況
出所：知財図鑑。特許庁の情報を基に作成（https://www.jpo.go.jp/resources/report/nenji/2021/document/index/honpenall.pdf）

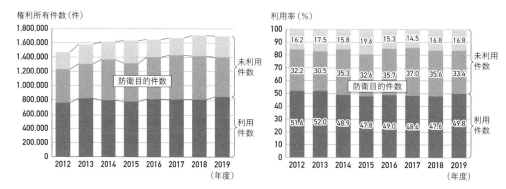

図表0-4　国内特許の利用状況
出所：知財図鑑。特許庁の情報を基に作成（https://www.jpo.go.jp/resources/report/nenji/2021/document/index/honpenall.pdf）

次に、国内特許の利用状況を示した**図表0-4**を見てほしい。

「利用件数」とは、取得した特許に対応する商品をつくっていること、または特許に対応する事業を行っていることを指す。「未利用件数」内の「防衛目的」とは、出願はするが利用はせず、自社の事業の利益を守るために他社による利用を防ぐことを指す。

現在、国内所有の特許権のうち未利用の特許は、全体の半数にあたるおよそ84万件に及んでいる（2019年度時点 ※出所：特許行政年次報告書 2021年版）。そのうち約56万件が防衛目的の特許とされている。残りの約28万件は、特許の取得や維持に必要なコストを負担しながらも、競合他社の特許活用を阻む「防衛目的」でもないため「休眠特許」と呼ばれている。他の主要国においても、同レベルの未利用特許があるとされているが、権利所有件数のうち16.8％が休眠していると考えると、大きな機会損失を感じざるを得ない。本書では、休眠をチャンスに変換することを目指し、より前向きな愛称として「発酵知財」と呼ぶ。時代がその特許の新規性に追いつかず、他のピースが間に合っていないが故に利用されていないとすれば、機が熟すのを待っているとも捉えられるからだ。

例えば、電気自動車は昨今の自動車業界での激しい競争を経て普及し始め、SDGs（Sustainable Development Goals）の観点からも今後ますます拡大していくと考えられているが、発明自体は19世紀中期まで遡る。数は決して多くはないが、ガソリン車が台頭する前の時代、電気自動車が路上を走っていた時期がある。およそ200年前のことだ。

技術自体ははるか昔に確立されたにもかかわらず、実用化されるまで長い時間を要するのはなぜか。それは性能を高めるために、様々な部品単位で技術革新が求められたり、昨今に見る気候変動など、時勢とともに技術への評価が変動して重要性が見直される場合があるからだ。

そう考えると、国内にある84万件の未利用特許の中には、世界を一変させるような革新的な技術が含まれていてもおかしくはない。それらの特許たちは、ただ眠っているだけでなく、社会実装されるまでじわじわと発酵しながら日の目を浴びる機会を待っている。では、発酵知財が未来に生かされるために肝心なのは何か？

まず第一に「世の中から見つかる」ことだ。

知財が見つからない「3重の壁」

　残念ながら知財との出合いは通常の業務の中ではなかなか起きない。Transparent TABLE のコア技術となったマルチタッチモニターのような知財に、もっと再現性高く、繰り返し出合うことができないものか。

　そう思って、自分たちがどのようにプロジェクトを進めているのか振り返ってみた。

　何かしら企画を考えるとき、まずは「検索」して国内外のユニークなアイデアや近しい領域での事例を探すことが多い。面白そうな事例が見つかれば、それがどういう技術で実施されたのかを「解読」し、自分たちの目の前にある課題にどうやって「活用」できるかを検討する。どのような産業においても企画段階では、同様な一連の流れがあるはずだ。

　ただ、その流れにおいて特許技術などの「知財」が入ってくることはあまりない。なぜならそれらは学会や論文といった専門的な場で流通しているからだ。たまたま興味深い知財にぶつかったとしても、その内容を正しく解読することは困難だ。文献が英語だったり、重厚長大な特許公報がヒットしたりすると端的に内容を把握しづらいことがほとんどだ。努力して解読できたとしても、そこから先の活用を考えるにはまた別の発想力が必要となり、目の前の課題とのマッチングを考える前に力尽きてしまう。

　「検索の壁・解読の壁・活用の壁」。この3つが知財の流動性を阻む大きな要素だと考えている。これらの壁によって、起きている機会損失は大きい（**図表0-5**）。

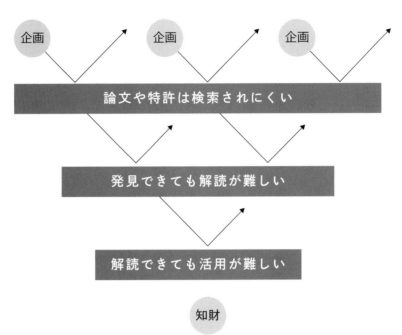

図表0-5　知財との出合いが簡単に起きない理由
出所：知財図鑑

　例えば、ビジネスサイドの機会損失として目が当てられないのは、すでに研究された知財が存在しているにもかかわらず、同じような技術を開発してしまうことだ。これは「車輪の再発明」と言われ、ビジネスにおいては絶対に避けたい状況だ。また、知財の存在を知らないが故に、企画自体を断念してしまうこともあるが、これも大変にもったいない。

　他方、研究開発サイドの視点としては、見つけてもらえないことで知財提供による収益化の機会を逸してしまう。また知財情報の流通範囲がアカデミックな領域に限定されてしまうと、生活者視点での有効なフィードバックが得られず「ガラパゴス化」してしまうことが懸念される。両サイドで起こっているこうした機会損失は、数字には表れにくいが少ないとは言えないだろう（**図表0-6**）。

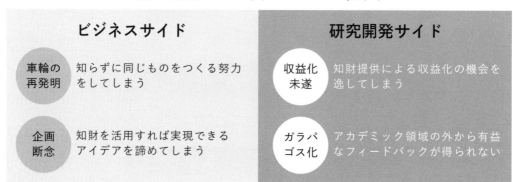

図表0-6　知財が見つかりにくいことによる機会損失
出所：知財図鑑

新時代の知財ライフサイクル

　知財が特許出願されてから事業化して収益を生み出すまでを人の一生に例えると、研究者が研究成果や新しい技術を特許出願し、論文や学会発表などで周知することで知財は世の中に「誕生」する。しかし、研究者が評価されやすい基準が特許出願の本数になっているケースもあり、そこで研究が一区切り着いてしまうことも多々ある。特許が社会実装に至るかどうかは、その企業の注力分野になっているか、市場規模がフィットしているか、事業部が正しく研究成果やユースケースを理解しているか、ほかに競合研究があるかなど、様々な要因に左右される。

　運良く社会に出て立派に育っていく知財もあるが、多くの知財が未利用のまま発酵している。場合によっては、「生みの親」である研究者自体がほかの研究に移ったり、所属部署が閉鎖されたりするなど、適切な援助が得られなくなってしまうことも珍しくない。大半の「発酵知財」はまだ社会に出ていない「学生」のような存在かもしれない。

　だからこそ知財を分かりやすく翻訳して「タグ付け」と「カテゴライズ」を行うことで、社会から見つかりやすい状態を生み出すことが重要だ。さらに生活者視点でのユースケースや、まだ見

ぬ新規事業やサービスのタネを「妄想」することで、その課題に直面している人たちや、思いがけない領域のパートナーに知財の可能性を知らしめる。興味を持ったパートナーと手を取り合い、実証実験を通して、社会に貢献できるポテンシャルがあるかどうかを見極めていく。そうして様々なフィードバックを得て「いける！」と判断されれば、いよいよその知財は事業に貢献することにつながる。

　その一連のサイクルを「新時代の知財ライフサイクル」と位置づけた。知財が誕生してから親元を離れて独り立ちするまでのプロセスを一連のライフサイクルとして意識する企業が増えることを願っている。（**図表0-7**）。

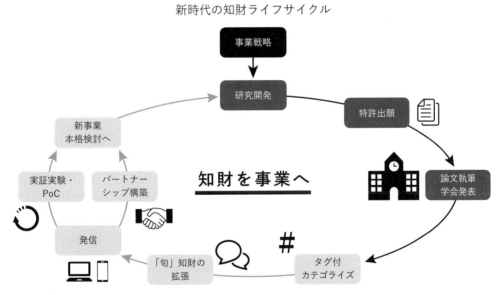

新時代の知財ライフサイクル

図表0-7　新時代の知財ライフサイクル
出所：知財図鑑

　今この瞬間にも「発酵知財」たちは、社会の要請に応えるべく機が熟すのを待っている。そういった知財たちが新たなライフサイクルを巡り、社会を一変するようなイノベーションを生み出していけるよう、本編でオープンイノベーション術をひもといていこう。

CHAPTER

1

"妄想"は、具現のはじまり

妄想は、全人類に保証された自由

　今世の中で利用されている優れたサービスや商品も、その始まりは誰かの"妄想"だ。しかし、いくら良いアイデアを思いついても、脳内で妄想しているだけでは形にならない。特にチームで新しいことに取り組む場合は、設計図、企画書、ビジョンといった客観的に評価が受けられる情報があって初めて車輪が回り出すことが一般的だろう。

　日本企業では、「新規事業部」と呼ばれるチームが新しいアイデアをビジネスにしていく使命を担うことが多いが、当事者である新規事業部の担当者から、こんな声をよく聞く。

　「OKが出た企画に対しても、実行段階でブレーキをかけられてしまう」
　「NGを出され続けて最近はメンバーが萎縮し、企画が出にくくなった」

　こうした声の背景にある理由はいたってシンプルだ。新規の「事業」として取り組むため、数年（短いと単年）での黒字化が見通せないと決裁が下りない仕組みになっているからだ。前例がないアイデアであればあるほど「収支計画」が立てにくくなり、リスクを負えない管理者はハンコを押せなくなる。そんな力学が前出の状況を生んでいる

海外ではアフォーダブル・ロス（Affordable Loss）、つまり「許容範囲の損失」という言葉がビジネスの現場で使われ、失敗を恐れずチャレンジを促す仕組みを導入している企業もあるが、まだまだ日本では石橋をたたく文化が主流のようだ。これは大企業に限った話でもない。投資を受けているベンチャー企業でも、回収のスピードが求められる場合には同様の常識が存在している。

そんな、前例のないチャレンジを担うチームを萎縮から解放してくれるのが「妄想」というマジックワードだ。妄想はあくまで妄想であり、計画ではなく、責任もないし、否定されてヘコむ必要もない。よそ行きの堅苦しい言葉も必要なく、純粋な欲望をそのまま表現しやすい利点があり、だからこそ発言しやすい。そして、欲望を伴う妄想は共感する人の心を射抜きやすく、立場を超えて協力者が見つかる可能性が高まりやすいものだ。妄想は、だれにも制限されない自由だ。

自前主義からの脱却

「面白いアイデアですが、当社の技術だけでは実現できないですね」。私たちが新規事業の相談を受けてアイデアを出した際、最もよく聞くフレーズがこれだ。

このフレーズを聞くたびに、さぞ大量のアイデアの屍（しかばね）が山のように積み上がってきたんだろうなとしみじみ胸を痛めてしまう。もう一度このフレーズをよく見てほしい。

「面白いアイデアですが、**当社の技術**だけでは実現できないですね」

このような発言が出る企業は、無意識に自社だけで新規事業を完結させる「自前主義」を前提としている。これには警鐘を鳴らしたい。なぜなら、自社だけで実現できるアイデアは小さくまとまってしまい、おのずと収支計画が控えめになってしまう。

さらに、変化の激しさが加速し続けるこれからの社会において、全方位的に研究開発投資を行うことは不可能であり、完全な自前主義はそもそも成立しないからだ。パフォーマンスの高い特化型企業が爆発的に増え、GAFAMをはじめとした大規模組織も積極的に事業提携を繰り広げるこの時代だからこそ、自前主義の呪縛から解き放たれる必要がある。

しかし残念なことに、「オープンイノベーション部」や「共創推進室」と名のつく部署がある企

業においても、自前主義のバイアスにかかっている人にしばしば出会う。

　面白いアイデアが自前主義に敗れることなく、共創を目指す人々に届いていくためにも「事業企画書」ではなく「妄想」というフォーマットはとても役立つ。

妄想を伝える

　妄想の表現方法は人それぞれ自由だ。

　古くから人々に未来への期待感を抱かせてきたSF小説や、大規模に未来を描く万博のようなアプローチはいずれも他者を巻き込むパワーがある。ただし、表現を生み出すまでに大きな時間と労力を要するうえ、誰もが取れる選択肢ではない。一方で、使い慣れているパワーポイントを開いて「スライド」をつくってしまうと、途端に妄想ではなく事業企画書として扱われてしまう。

　重厚長大な労力をかけなくても、思いついたらすぐに表現ができる、継続しやすく発信しやすい方法はないものか。

　私たちはそんな悩みを受け取りながら、このインターネット時代に適した「他者を巻き込む妄想」の表現方法はないかと考えを深め「妄想プロジェクト」というスタイルに行き着いた。

　一つの例を紹介しよう。「さわれる動物園」という妄想プロジェクトがある。

妄想プロジェクト「さわれる動物園」

出所：知財図鑑（妄想画家／ソノナカ）

普段の生活では接点のない珍しい動物にも出合うことができる動物園。ただ、安全性の観点からすべての動物と直接触れ合うことは難しく、目で見るだけにとどまる体験がほとんどではないだろうか。毛皮やウロコ、牙や肉球の「ぷにぷに」「ざらざら」といった触り心地を高精度に再現した「さわれる動物園」があれば、今までにない"触感"を起点とした体験が提供できる。VRや触覚デバイスの技術と組み合わせれば、オンラインでも動物たちと触れ合える新感覚なハプティクス・パークが生まれるだろう。

妄想プロジェクトとは、知財を材料として妄想した未来体験を「可視化」したコンテンツであり、シンプルな3つの要素で構成される。

- タイトル
- イラスト
- 数行の説明文

企画書のように何ページにもわたって説明する必要もなく、イラストを一目見て、数行の概要

を読めば伝わる形式だ。チャットでスクリーンショットを送るくらいのコミュニケーションでも共感を得られる利点がある。ポイントを一つ挙げるなら、実在する知財にひも付けている点だ。

「さわれる動物園」の妄想も、多様な触り心地を表現できる感性素材「αGEL」という知財をベースにして妄想されている。親和性の高いテクノロジーとセットで発信することで、一見夢のような飛躍した妄想も、「もしかしたら実現できるかもしれない」という空気をまとって伝えることができる。だからこそ妄想プロジェクトは共感を集めやすく、知財の発信方法としても有効に機能する。

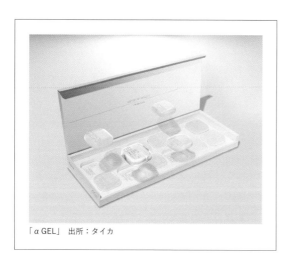

「αGEL」　出所：タイカ

巻き込み三拍子

他者を巻き込む能力が高い妄想プロジェクトにはいくつかの共通点がある。その共通点とは、「(1) 瞬発的な状況伝達スピード」「(2) ワクワクできる未来感」「(3) つっこまれビリティー」の3点だ。三拍子がそろった状態で提示されると、共感も批判も含め、意見をくれる人が見つかりやすい。

この3点について、それぞれ触れていきたい。

(1) 瞬発的な状況伝達スピード

　SF映画を見るには2時間かかり、企画書でプレゼンテーションを受けるには数十分程度かかるが、妄想プロジェクトは数十秒で状況を伝えられる。例えるなら優秀な人材がエレベーターの中で社長に決裁を取り付けるようなテンポ感だ。イラストの中ですべてを伝える必要はなく、「なにこれ面白そう」というつかみができれば上出来だ。詳しくはタイトルと説明文で理解を促していけばよい。

(2) ワクワクできる未来感

　妄想プロジェクトは、飛躍を存分に許容してつくると巻き込み力が高まる。自社の能力だけで果たせる未来である必要はなく、様々なテクノロジーとの掛け合わせや、現在とは異なる未来ならではの環境を仮定してもよい。自前主義からの脱却にもつながる効果があり、「その妄想を実現するために、うちの技術を使いませんか？」といった出合いにつながることも期待できる。

　そして重要なのが人を引き付ける「描写」である。研究開発部、新規事業部や知財部にデザイナーやイラストレーターがいることはまれだと思うので、思い切って外部のクリエイターを巻き込んでみることも選択肢として意識してほしい。解像度の高いイラストやCGは、ポンチ絵や概念図とは比べ物にならない威力を持つことを体感してもらえるはずだ。私が組織づくりのコンサルティングを請け負う際には、研究開発や新規事業部にビジュアライズ能力のたけたクリエイターを配置することを勧めている。

(3) つっこまれビリティー

　聞き慣れない言葉かもしれないが、要は「ツッコミやすさ」が大事だということである。ツッコミには大きく分けて2種類ある。共感と批判だ。なるべく批判は受けたくないのが人間の心理ではあるが、妄想プロジェクトにおいては、どちらもとても有効に働く。共感がもたらすものは「支援」だ。つまり、協業につながったり、投資に発展したりする。批判がもたらすものは「改善」だ。「そんな飛躍的なことを描いているが、きっとこのAIの精度が足りず実現は難しいと思う」などと丁寧に伝えてくれている相手には感謝しよう。ツッコミをくれているということはこちらの土俵で真剣に考えてくれているわけで、しかも「AIの精度を上げれば実現できそう」という実現のヒントまでくれている。よい妄想プロジェクトは、共感と批判の両方が聞こえてくるものだ。

妄想のトランスフォーメーション

　ここまで読んでくださった読者の中には、いくつかの妄想が頭に浮かんでいる人もいるのではないだろうか。その妄想を実現したくてウズウズしているかもしれないが、ここで一度立ち止まって考えてみよう。

　「技術から未来事業を導き出す」ことを目的にする場合、妄想が厳密に達成されることにとらわれる必要はなく、妄想がジャンプ台になって別のビジネスが生まれてもよいのだ。この現象を「妄想のトランスフォーメーション」と呼んでいる。実際に起こった事例を紹介しよう。

妄想プロジェクト「漫画喫サウナ」

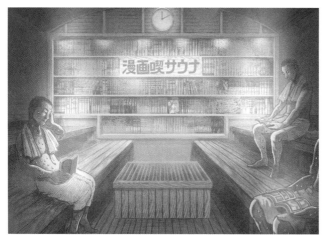

出所：知財図鑑（妄想画家／早瀬真菜美）

　サウナと漫画。一見すると魅力的なこの組み合わせには「紙が水に弱い」という致命的な弱点がある。サウナルームに紙の漫画を置けば、蒸気や汗でふにゃふにゃになってしまう。そこで、耐水性に優れた新素材の漫画本で漫画喫茶を展開すれば「サウナで漫画を読む」ぜいたくな時間を楽しむことができる。サウナに限らず、温泉やプール、海辺でも水に濡れることを気にせず読書が可能になると、身体的な癒やし効果だけでなく知的なエンターテインメントとして、クリエイティブな時間を生み出すことができる。

これは、「石灰石が主原料の、プラスチックや紙の代替素材・LIMEX」という知財から生まれた妄想プロジェクトだ。サウナ愛好家でもある私としては、一日も早く具現化したい妄想でもあるが、まだそれはかなっておらず、別の企画に形を変えて具現化された。

この妄想プロジェクトを発表した当初は、新型コロナウイルスの影響でマスクの需要が急上昇していた時節でもあり、「漫画喫サウナ」ができるくらい丈夫で耐水性があるのであれば、LIMEXをマスクケースに応用できるのでは？という問い合わせを受けた。

つっこんでくれたのは、ELLE（エル）という女性誌を発行しているハースト婦人画報社で、まさにその共感型のツッコミは実現可能なアイデアであった。こうして、漫画喫サウナという妄想プロジェクトはマスクケースにトランスフォーメーションしたのであった。

妄想プロジェクトは未来事業を生み出すための呼び水でもあり、お笑いで言うところの「つかみ」である。

新規事業を取り組んでいくに当たり、ステークホルダーから「この企業は面白い未来を描いている」と好印象を抱いてもらい、「御社の知財は、そんな面白い未来を実現するためのピースになるんですね」と期待感を抱いてもらえればその妄想プロジェクトは十分に役目を果たしている。

必ずしも実現にコミットしなくてよいのも妄想の特権だということを忘れないでほしい。妄想のトランスフォーメーションという現象を念頭においておけば、妄想プロジェクトを発信するハードルは一段と下がるはずだ。

0 → 1 と 0 → 0.1 の並走

新規事業開発の現場で最もよく聞くフレーズは「0 → 1」（ゼロイチ）ではないだろうか。数字が持つ響きだけでいえば、1 → 10や10 → 100よりもライトに聞こえるかもしれないが、どのフェーズにおいても大きな苦労が伴うのが実情だ。つまり、0 → 1は言葉が持つ印象よりも大変なのだ。

特に新規"事業"には、事業計画がつきものであり、どれだけ新規性が高くワクワクするアイデ

アでも、収益化の規模と道のりが見えないと社内のスタンプラリーを完走できない。もちろん、事業規模を求め、リスクを回避するための承認プロセスは必要だと思うが、前述したように「NGの繰り返しでアイデアが出ない体質になってしまう」というのは未来事業をつくる企業にとって最大のリスクになってしまう。

だから、0 → 1に苦悩している企業には、一つ単位を下げて「0 → 0.1」を並走させてみることを勧めている。0 → 1が新規事業開発なら、0 → 0.1は妄想開発と言えよう。それぞれ同じ延長線にはあるが、目的と評価観点は異なる (**図表1-1**)。

	0 → 1	0 → 0.1
目的	新規事業の立ち上げ	未来事業の妄想
評価観点	実現可能性 投資対効果 投資回収スピード	妄想の発信数 プロトタイピングや実験につながる件数 コラボレーションが生まれる件数
得られるもの	事業組織 収益	発想体質（メンバーの活気と部門越境） 他者との共創（脱自前主義） 話題化によるメディア露出（未来創造ブランド）

図表1-1　0 → 1と0 → 0.1の比較
出所：知財図鑑

0 → 1と0 → 0.1は相反する考え方ではなく双方が必要であり、妄想開発が活発な企業では新規事業の成功確率も高まる。

そして妄想の発信量は多ければ多いほうがよい。一つの知財に対して十の妄想があってもよいくらいだ。なぜなら日々ビジネスの現場で出会う相手は、様々な属性をもっているため、相手に合わせて妄想プロジェクトを選んで提示することで、初対面の企業とも盛り上がれる可能性が高まるからだ。

妄想する組織のつくり方

　未来に貢献する事業を開発していく企業は、0 → 0.1をどのプレーヤーに担わせていくかを真剣に考えるべきだ。新規事業部に内包させるのか、オープンイノベーション推進室を立ち上げるのか、部門横断でプロジェクト化するのか、それぞれの企業体質にあったやり方を模索すべきだが、押さえておくべきポイントがある。

　それは、メンバーの越境性だ。ビジネス目線、テクノロジー目線、デザイン目線、生活者目線。できるだけ多様な観点が混ざるように設計することが、妄想体質の組織をつくる秘訣だ。もし自社の中だけでメンバーのバリエーションが膨らまない場合は、外部からゲストメンバーを引き入れることも積極的に検討すべきだ。

　そして、定期的に妄想を行うリズムをつくっていけば、おのずと体質が出来上がっていく。例えばKonelと知財図鑑では、毎週金曜日の朝会を「妄想大喜利」と呼び、15分間自由にアイデアを出す習慣がある。いい意味でみんな無責任にアイデアを出してくれる。妄想には個性も表れるのでメンバーそれぞれの興味分野や得意ゾーンが把握できるため、とても有意義だ。

　肩の力を抜き、みんなでワクワクを募らせ、飛躍的な未来を発信し、多様なつながりを生む企業が増えるほど日本の知財活用は進み、経済は新たな血流を得る。0 → 1に取り組んでいる企業は、ぜひとも0 → 0.1を同時に進めてみてほしい。

知財図鑑の妄想特集

　次ページ以降では、これまで知財図鑑で発信してきた妄想プロジェクトの一部を知財とともに紹介する。そのまま妄想を具現化するもよし、妄想のトランスフォーメーションするもよし。読者が取り組んでいる事業と連携できそうな妄想があれば、ぜひ共感と批判のツッコミを入れてほしい。

妄想01

〰〰〰〰〰

出所：知財図鑑（妄想画家／ajisa）

フィルターバブルを知らせてくれる
「BIAS Window」

未来の社会ではレコメンド機能の加速により、接触する情報のフィルタリングが加速する。興味関心のある情報は豊富に目に入る一方、見たくない情報を無意識のうちに遮断する傾向は強まっていくだろう。デバイスから摂取する情報がトラッキングされる未来において、「偏り」を把握してユーザーの視野が狭くなったことを検知すると、それを知らせるために「曇る」窓があるとどうだろう。直感的な単機能テクノロジーにより、意識的に多様な情報に触れる習慣を提供してくれるはずだ。

妄想を実現するための知財

秘密計算技術　NEC／日本電気株式会社

情報を秘匿したままデータ解析する技術

計算する側からはデータの内容を確認することができず、ただ出力された計算結果だけが提示される技術。個々のデータは乱数によって秘匿されており、さらに複数のサーバーに分割されるため高レベルなセキュリティーを保つ。情報漏洩など、プライバシー問題が危惧されるデータ駆動型社会において情報の安全性を高め、データ連携を加速させることが期待されている。

出所：Getty Images

知財の機能

| 個人情報や機密情報の安全性を高める | データを複数に分割してサーバーに分散配置 | 復元が極めて難しい高レベルのセキュリティー保持 | ソースコードの一部を一般に公開 | 単位時間あたり約130万件の高処理速度 |

妄想切り口

入札金額を開示せずに行うセキュアオークション	AI能力測定や疾患予測のプライバシー保持	検索しがちなワードの可視化	収集データを巨大デバイスに投影
生体・感情データを秘匿したまま大量収集	亡くなった後の個人情報抹消	ビッグデータと連動するインテリア	恋人の情報から導くプレゼントコンシェルジュ
生体データに基づいた健康レコメンドアプリ	流行語の公正な検出	自分と真逆のデータを提示	安全に脳データをデジタル空間に接続

妄想02

〰〰〰

出所：知財図鑑（妄想画家／ajisa）

授業を盛り上げる変幻自在のキャラクター
「黒板二十面相」

黒板がアップデートされた未来の授業では、人格を持った「AI助手」が先生の授業をサポートする頼もしい相方となるだろう。授業の行われる地域・年代・時間帯に最も適した授業演出をアルゴリズムから構築し、生徒を飽きさせない。ある時にはユーモラスに、ある時はロジカルに、ある時は情熱的に、生徒の反応をセンシングしながら最も興味を引き付ける人格で授業を展開していく。リアルな授業からオンラインによるデジタル配信までを横断する、新たな教育の形が生まれるかもしれない。

妄想を実現するための知財

Josyu（ジョシュ）　株式会社サカワ

授業中の声を保存・活用するAI
「音声認識」により、授業中の先生の声をその場でリアルタイムに自動でテキスト化。発した言葉はテキストデータとして保存され、そこから単語を抽出し、授業後の振り返りやまとめプリントとして活用することができる。先生の負担が軽減されるほか、理解や記憶の定着のための授業補助資料として使うなど、従来の授業の常識を変えるAIアシスタントである。

出所：サカワ

知財の機能

| 先生の声を
リアルタイムに
自動テキスト化 | 単語の出現回数や
前後の関連性を
AIが解析 | 重要単語を自動で
抽出して
ランキング化 | 単語に関連する
別の単語と画像を
予測表示 | 授業の振り返りを
プリント |

妄想切り口

堅苦しい授業内容を 自動で漫画化	✓ 授業を朗読劇や 落語に変換	会議で意見が 乱立した際の整理	✓ 言語やキャラが 変動するアバター助手
伝説的な面白い授業を NFT化	✓ 生徒に最適化した 1on1授業の開発	自分の話し方の癖を 把握して会話術を向上	授業の重要単語を 歌やラップに変換
授業を自動でまとめる スマート勉強机	スマートな商談や プレゼンをパッケージ化	盛り上がった会話の瞬間を 自動ログ化	雑踏や人混みの会話を ビジュアル化

妄想03

出所：知財図鑑（妄想画家／ソノナカ）

好みの樹木素材からプロダクトを造形できる
「ウッドリサイクル・ラボ」

木材を溶かして別のマテリアルに再構成する、そんな技術があれば用途を失った国産材や廃棄木材が高価値化するだろう。溶解された木材は液状タンクとして、里山地域に建設されたラボに備蓄、訪れたユーザーは好みの樹木素材から家具・雑貨・衣服に至るまで、自身の求めるプロダクトを立体出力することができる。持て余していた里山の森林資源を価値化し、クリエイターや地域の人々のローカルなコミュニティーの場としても有意義に機能するはずだ。

妄想を実現するための知財

ウッドケミカルズ　株式会社ダイセル

樹木を穏和に溶解して再構成する技術

様々な種類・状態の木材を余すところなく"超穏和"に溶解できる技術。環境やエネルギー的な負荷をかけず、あらゆる樹木を溶かすことができ、紙状、糸状、その他成形物など様々な形に"再構成"できる。木材を以前よりも画期的に汎用化・高付加価値化することで、地域の里山や農林水産業の収益構造を変え、地域社会や地球環境に貢献することが期待されている。

出所：Getty Images

知財の機能

| あらゆる樹木を"超穏和"に溶解 | 有機酸と撹拌（かくはん）するのみの簡易な工程 | 常温の撹拌のためエネルギー負荷が小さい | 森林資源の高付加価値化に貢献 | ペーパー・ファイバー・モールドへ資源転換 |

妄想切り口

✓ 木材から作られた衣服

思い出のある壊れた木工家具を溶かして復元

木桶温泉風呂や入浴剤に転換

✓ 溶かした木材から複雑なプロダクトを生成

落ち着く木の香りの化粧品

ステージから楽器まで木材でつくられたフェス

✓ 木材資源に特化したコミュニティーラボ

木から作られた本だけの図書館

地域の木材からつくられた共有モビリティー

液体スプレーにして木のヒビ割れを修復

食材も食器も木のウッドレストラン

木の香りを閉じ込めたタバコのフレーバー

妄想04

出所：知財図鑑（妄想画家／ソノナカ）

思い出を3Dで残す
「自分史立体博物館」

学生時代の記念品や、愛する子供が作ってくれた工作、長年使い込んだ家具……。人生の中で思い出に残したいアイテムは誰もが持っているだろう。しかし、たまっていくすべてのモノを何十年も保管して維持するには、ケアやスペースの問題が悩ましい。そこで、立体的な思い出の物体をクラウド上に保存し、好きな時に引き出して眺めることができる自分だけの3D博物館をつくることができればどうだろう。ゆくゆくは、誰もがカメラで写真を撮るように対象を3Dで自宅に持ち帰る未来がやってくるかもしれない。

妄想を実現するための知財

EinScan（インスキャン）シリーズ　日本3Dプリンター株式会社

汎用性と高精度を両立した3Dスキャナー

簡単な操作で立体から高クオリティーの3Dデータを取得できる3Dスキャナーブランド。幅広い対象物を高精度にスキャンするシリーズから手軽なシリーズまで複数のラインアップがあり、初心者からプロまで幅広いニーズに対応する。スキャンデータを活用したリバースエンジニアリングだけでなく、文化財のデジタルアーカイブ、ARやVRなどにも活用されている。

出所：日本3Dプリンター

知財の機能

| 使いやすさと低価格を両立 | 高精度のハンディースキャンを実現 | 暗い色も捉えるカラースキャンに対応 | 人体に適したLEDによるスキャンを採用 | リバースエンジニアリングでデータ再現 |

妄想切り口

歴史的文化財を立体的に記録	身体をスキャンした精細な義肢装具	✓ 優れたプロダクトやアートの保存・複製	鍛えた体を3D保存して肉体を客観視
✓ 旅先のスポットを3Dで保存	赤ちゃんの手形や体形を記録	✓ 思い出のスキャンを映せるホログラム装置	製品を3Dのスキャンデータで販売
空間を丸ごとスキャンしたミラーワールド	表情をスキャンして感情解析に活用	臓器を複製することでバイオ医療に貢献	スキャンデータから破損箇所を特定・修復

妄想05
〰〰〰〰〰

出所：知財図鑑（妄想画家／ソノナカ）

超殺菌によりあらゆる食品を高品質保持
「3Dパウダーフードプリント」

粉体の物性を変えずに殺菌する技術が進化すれば、多種多様な食品を粉末化して長期保存することが可能となる。それは健康管理が重要であり食材調達が困難な宇宙空間の食生活でも重宝されるだろう。すべての食材や調味料は輸送しやすいよう粉末状に高圧縮され、3Dフードプリンターから任意のメニューをセレクトすれば、選択された料理がスピーディーにその場でサーブされる。宇宙でも地上の味がいつでも楽しめる、そんな未来がやってくるかもしれない。

妄想を実現するための知財

瞬時減圧による粉体殺菌技術　株式会社フジワラテクノアート

0.2秒殺菌を実現する次世代殺菌技術

粉体の物性を損なわずに粉体原料を殺菌できる
技術。加圧水蒸気と瞬時減圧を用いた独自開発
の殺菌システムにより、0.2秒という短時間で
物理的に菌の組織を壊す。安全で高品質な殺菌
を実現。食品をはじめ様々な粉体に適用でき、
粉体製品の高品質化や高い保存性による流通改
革にも資するなど、さらなる展開が期待される。

出所：Getty Images

知財の機能

| 物性を損なわずに粉体原料を殺菌 | 0.2秒で菌の組織を壊し殺菌 | 水の気化・膨張で耐熱性芽胞菌を破壊 | 圧力条件により食感や香味の向上を付与 | 食品以外の漢方薬原料にも対応 |

妄想切り口

固形の食材を粉末にして量り売り	賞味期限延長によるフードロス対策	✓ 宇宙食や災害時の保存食に応用	✓ 粉末を3Dフードプリントで出力
幼児にも安全な「食べられる絵の具」	✓ パーソナライズされた機能性食品の生成	あらゆる食材を粉末化してデータベース化	複合的な味や効能を含んだスパイスの開発
従来は含有できなかった素材の化粧品	完全殺菌された超清潔な砂場	高栄養素の粉末肥料によるスマート農業	味や風味を自由に変えられる子供用漢方

妄想06

〰〰〰〰〰

出所：知財図鑑（妄想画家／ajisa）

人の思いやりを可視化する守護霊ロボット
「AIR Guardian」

日常に溶け込む未来の監視ロボットは、安全を管理するだけではなく「人の思いやり」の行動を把握することも可能となる。駅前にきれいに並んでいる自転車、ごみ一つない公園、元気に育つ草木……。実は誰かの思いやりのアクションによって環境が保たれている場所に「守護霊」のような優しい気配を匿名性のあるホログラムによって可視化する。人のポジティブな行動パターンを判別するロボットが、時間の制約を超えて感謝のきっかけを生み、人として支え合うメンタリティーを醸成してくれるだろう。

妄想を実現するための知財

出現パターンの数値化・自動分類技術　NEC／日本電気株式会社

映像データから不審者を絞り込むAI

映像データを分析し、特定の出現パターンの人物を抽出する技術。映像中の人物の挙動を統計的アプローチにより分析・評価することで、AIを活用して自動分類する。不審人物の抽出を目的に開発した技術だが、抽出可能な出現パターンのバリエーションを増やすことで、不審人物の抽出だけでなく、様々な用途での人物検知に応用し得る可能性を秘めている。

出所：Adobe Stock

知財の機能

出現頻度・動き・滞在時間を統計処理	画像1フレームごとの状態を数値化	変動の度合いを変化曲線で捉えて絞り込む	特定の数値の該当の度合いで順位付けが可能	見つけたい出現パターンの設定が可能

妄想切り口

✓ 人の魅力的なしぐさを見つけるカメラ	万引きや強盗の予兆を動きで感知	迷子の子供や観光客を素早く判別	スポーツの違反行為を検知するAI審判
✓ 自律移動型ロボットに搭載	行動パターンが似ている人をマッチング	個人の行動パターンをロボットに学習	地域で愛される野良猫の行動を監視
IoT家具に搭載して心身の異常を検知	✓ 行動履歴が優秀な人をランキング	能動的に会議に参加していない政治家を検出	一番眠たそうな人・疲れている人を可視化

妄想07

出所：知財図鑑（妄想画家／ソノナカ）

生き物を肌で感じられるハプティクス・パーク
「さわれる動物園」

普段の生活では接点のない珍しい動物にも出合うことができる動物園。ただ、安全性の観点から
すべての動物と直接触れ合うことは難しく、目で見るだけにとどまる体験がほとんどではないだ
ろうか。毛皮やウロコ、牙や肉球の「ぷにぷに」「ざらざら」といった触り心地を高精度に再現し
た「さわれる動物園」があれば、今までにない"触感"を起点とした体験が提供できる。VRや触覚
デバイスの技術と組み合わせれば、オンラインでも動物たちと触れ合える新感覚なハプティクス・
パークが生まれるだろう。

妄想を実現するための知財

HAPTICS OF WONDER 12触 α GEL見本帖　株式会社タイカ

感性素材「α GEL」を用いた感触見本帖

人間のからだ全体で感じる触覚に着目して構成されたマテリアル体感キット。感性に訴える12"触"のα GEL（シリコーンゲル）を、特長と特性を織り交ぜて紹介。身近なプロダクトになぞらえたネーミングとアニメーションで表現し、素材の活用をよりオープンにする。クリエイターの発想をサポートし、様々なプロダクトやサービスに感性を落とし込むことができると期待されている。

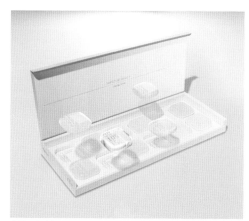

出所：タイカ

知財の機能

| 人の感性に訴える12"触"のゲルをチャート化 | ゲルの感触を身近な素材に例えて表現 | 優れた衝撃吸収性・防振性・温度特性・耐久性 | 「ざらざら」「さらさら」などの表面感を再現 | 硬度、反発性を触り心地から指標化 |

妄想切り口

ペンや腕時計の皮膚接触部を特化	VRと組み合わせた触覚グローブの開発	コスメ製品の効果を体感できる肌サンプル	触覚によるリラックスができる瞑想空間
しこりの感触を再現する乳がんチェッカー	✓ 危険な動物たちの触り心地を再現	ぷにぷにした新感覚の着心地の衣服	✓ 絶滅動物を再現する博物館
個人の人肌を忠実に再現したロボット	✓ 触覚を軸とした子供の感性教育	触り心地のある絵本や教科書	舌触りに特化した食品開発

妄想08

〰〰〰〰〰

出所：知財図鑑（妄想画家／田嶋千寛）

太古の味をよみがえらせる
「絶滅生物レストラン」

はるか昔に絶滅した生物を食べることができるレストラン。そんな特殊な食体験は単なる味の興味の追求ではなく「なぜこの生物は絶滅しなければならなかったのか？」を考えさせるきっかけになるだろう。古生物の系統解析・タンパク質構造予測と、細胞培養技術を組み合わせれば、マンモスや恐竜といった絶滅生物種の生体組織や味の再現が可能になるかもしれない。生物にまつわる歴史や情報を鑑賞しながら料理を口に運ぶことで、自然現象や生物多様性への理解を深く取り入れることができるだろう。

妄想を実現するための知財

CulNet（カルネット）システム　インテグリカルチャー株式会社

低コスト細胞培養プラットフォーム技術
効率的な体内システムから学んだ、汎用性の高い低コスト細胞培養プラットフォーム技術。動物細胞で構成される食品や皮革をはじめ、多様な分野で活用できる。以前から細胞培養の技術は存在していたが、培養液のコストが高く商用化にはハードルがあった。この技術では動物の体内システムに似た環境を構築することで、大幅なコストダウンを実現した。

出所：インテグリカルチャー

知財の機能

| 汎用性のある
大規模細胞培養技術 | コスメから食材まで
様々な利用範囲 | 体内に似た環境を
構築して大幅な
コストダウン | エイジングによって
失われていく
有用物質を補給 | 血管を張り巡らせて
細胞を組織化
できる可能性 |

妄想切り口

環境に負荷が小さい 食肉大量生産	若い細胞を培養した アンチエージング化粧品	動物の皮を再現した ハイエンド培養革製バッグ	動物の皮の 「住宅用アニマル壁紙」
自分の細胞で傷口を 修復するばんそうこう	✓ 培養肉に特化した レストラン	自宅でも楽しめる 細胞培養キット	✓ 食用が制限された 希少動物の部位を複製
自分の健康に適した オーダーメイド培養肉	✓ 過去の細胞をベースに 再生医療に活用	味覚再現デバイスとの 連動で料理を拡張	畜産ができない地域でも 肉をブランディング

妄想09

出所：知財図鑑（妄想画家／ソノナカ）

モノと"体験"を受け取れる新しいふるさと納税
「どこでもりんご狩り」

リアルタイムの4K・360度映像による新しい体験型のふるさと納税サービス「どこでもりんご狩り」。利用者はオンライン体験の日時を予約し、LIVEカメラが設置された農園にリモートで訪れ、ガイドの案内の下で自ら収穫ロボットを操作してりんご狩りを遠隔体験。後日、収穫したりんごは返礼品として配送される。ユーザーの場所を問わない新しい観光アクティビティーになるとともに、動物園・水族館・百貨店などあらゆるパートナーとの共創ができるはずだ。

妄想を実現するための知財

4K Live Streaming 株式会社リコー

360度の美麗な映像プラットフォーム

多拠点での双方向のリアルタイムコミュニケーションを実現する映像プラットフォーム。360度カメラやWebカメラに接続することで、利用者はPCやスマートフォンから最大4Kの高品質映像をライブ閲覧でき、遅延の少ない高い没入感によるコミュニケーションが可能。仮想空間での会議や立ち合い、エンターテインメント領域など、多分野での活用が期待されている。

出所：リコー

知財の機能

映像遅延の少ない
ダイナミック
メディア制御

360度カメラ
「RICOH THETA」
との連携

PCやスマホの
ブラウザーから
簡易に参加可能

最大4Kの
高品質映像を
ライブで閲覧可能

配信が可能な
仕組みをクラウドで
API提供

妄想切り口

工場とオフィスを つないで遠隔から作業点検	✓ スマートグラスに 接続してオンライン接客	リアルタイム配信による 遠隔の外科医療	水族館や動物園の 360度配信コンテンツ
オンラインで視点を 自由に変えられる授業	プロスポーツ選手の視点を 疑似体験	ドローンや クレーンゲームに搭載	✓ スマート農業や 漁業に活用
製品視点で体験できる オンライン工場見学	動物の視点をジャックして 食物連鎖を学ぶ	大規模火災現場での 調査ロボットに搭載	✓ VRや触覚デバイス との融合

妄想10

〜〜〜〜

出所：知財図鑑（妄想画家／ajisa）

香りで目的地が決まる
「フレグランス・ドライブ」

「香り」をマップ化するAIを自動運転のカーナビに実装すれば、求める香りのする場所へ自動で車が送り届けてくれる未来のドライビング体験ができる。様々なスポットの季節や時間ごとの特徴的な香りをマッピングすることで「5km圏内の爽やかな新緑を感じられる場所」「2時間以内に着く潮の香りがする街」など、嗅覚から未知の目的地を探す新たなドライブ・スタイルが生まれる。目に見えない「香り」を新たな観光資源とした町おこしやPRキャンペーンも生まれるだろう。

> 妄想を実現するための知財

KAORIUM（カオリウム）　SCENTMATIC株式会社

香りと言葉の変換システム

香りとそれを表す言葉を相互に変換するAIシステム。データベースとAIを介して、曖昧で捉えにくい香りの印象を言葉で可視化したり、選んだ言葉にひも付く香りを導き出したりできる。言語化・可視化が難しい個人の嗅覚の好みを明確にすることで、フレグランス分野にとどまらず、感性教育・飲食体験・購買体験など、多くの分野で活用されることが期待されている。

出所：SCENTMATIC

> 知財の機能

| データベースとAIで香りの印象を言葉で可視化 | セレクトされた香りのボトルを形容する言葉に変換 | 言葉の印象にひも付く香りを検索可能 | 香りの嗅ぎ比べで好みの香りを導き出す | セレクトされた香りからAIが好みを解析 |

> 妄想切り口

ソムリエの微細な感覚を言語化・教材化	好きな香りを突き詰めたオーダーメードお香	嗅覚を頼りに攻略していくゲーム	✓ 世界各国の街の香りをパッケージ
香りの好みからお酒を出してくれるバー	自分の好きな香りの部屋が選べるホテル	✓ 香りの観点で観光地をまとめたマップアプリ	自分が最もリラックスする香りの発見
嗅ぐだけで眠れるスマート睡眠枕	実家の匂いや懐かしい香りを再現	✓ 香りで行き先が決まるモビリティーサービス	動植物の匂いを再現した子供の感性教育

妄想11

出所：知財図鑑（妄想画家／ajisa）

生産プロセスの重さを体感できる
「TRACING Ball」

市中に出回っている商品は、製造プロセスで地球環境に負荷を与え、多くの人の労働のうえで成り立っているが、それらを産地と素材の表記だけで実感するのは難しい。製造過程でかかったコストを「ズシッ」と手のひらで重みとして体感できるトレーシングボールがあればどうだろう。バリューチェーン上で発生する複雑な利害関係を越え、公平な情報が個別製品ごとに記録される。トレーサビリティーが担保される時代では、プロセスを加味した直感的でサステナブルな選択が可能になるだろう。

> 妄想を実現するための知財

高速ブロックチェーン　NEC／日本電気株式会社

超高速・高セキュリティーの記録性能

超高速で高セキュリティーなブロックチェーン技術。毎秒10万件以上の記録性能を達成する合意形成アルゴリズムを備え、高い秘匿性を持つ。クレジットカード取引システムなど、記録性能やノード数の制約によってブロックチェーンの適用を断念していたケースへも対応が可能となる。高速性と安全性により、新たなビジネスインフラとして普及が期待される。

出所：Getty Images

> 知財の機能

| 大規模接続環境で毎秒10万件以上の記録性能 | 高レベルなデータの秘匿性 | 参加ノードが合意形成するための通信回数を削減 | 取引情報の公開範囲を限定 | 取引情報をグループに属するノードにのみ公開 |

> 妄想切り口

仮想通貨を利用した国際送金サービス	✓ 配送荷物の詳細情報をトラッキング	自動運転車におけるセキュリティーの確保	超大規模イベントにおける一斉取引
✓ バリューチェーンを物理的に可視化	公平・安全な個人情報を基にした企業採用	リアルタイムに変化する交通情報の最適化	ペットの出生・譲渡記録を通じて保護に活用
セキュアなコンテンツの著作管理	✓ ブランドすべての製造履歴をオープン化	公文書をデジタル化する際の改ざん防止	メタバース空間における商取引に活用

妄想12
〰〰〰

出所：知財図鑑（妄想画家／ソノナカ）

人と水生生物が共生する
「地球生態コロニー・タワー」

自然環境を任意の場所に移送できる技術が発展すれば、海から遠く離れた場所に海洋生態系を再現した超巨大水槽の共生未来都市ができるだろう。タワー型の水槽は階層ごとにレイヤーが分かれ、人間の居住空間やトラムがある「海との共生ゾーン」や、多様な生物が自由に泳ぐ「世界の海ゾーン」、絶滅した古代の海を再現した「原始生物ゾーン」から貴重な水環境を保存する「研究施設ゾーン」までがある。時空と生態を超えて、生物の関係性がシームレスに交わった、未来型の共生空間ができるだろう。

妄想を実現するための知財

人工サンゴ礁　株式会社イノカ

人と水生生物の共生が可能な生態系
人工的に再現されたサンゴ礁の生態系。海洋
生態系構築の知見とIoT・AI技術の組み合わせ
で、自然に限りなく近い「人工生態系」を構築。
2020年5月にサンゴの人工抱卵を実現させ、
2022年2月には時期をコントロールして真冬
に完全閉鎖環境での人工産卵を世界で初めて実
現した。海洋環境を再現する「環境移送技術」
の確立により、生態系研究を加速させると期待
される。

出所：イノカ

知財の機能

| サンゴ礁の生態系を人工的に再現 | IoTでLEDライト・ろ過装置・水流ポンプを制御 | 水温・水流・照明・微生物のパラメーター調整 | 久米島付近の海面水温と同期させた完全閉鎖環境 | サンゴの人工抱卵に成功 |

妄想切り口

自宅で育成を楽しむサンゴ礁キット	✓ 地球の反対側へ生態系を丸ごと移送	生態系の成長過程をLIVE配信	✓ 絶滅した古代の海洋生物を再現
サンゴ礁をシェアして育てるコミュニティー	生態を階層で分けたアートホテル	貴重な生態系を冬眠させて未来へ保存	サンゴ礁を内陸地に移植
✓ 水生生物と同居できるスマートシティー	宇宙空間における海洋生物の生育	バスを丸ごと水槽にした動く水族館	地域連携による生態データのトレード

妄想13

出所：知財図鑑（妄想画家／ソノナカ）

木のお酒とアロマが毎月届く
「サブスク・ウッド」

木材はプロダクトの材料となるだけではなく、嗜好品の原料としても可能性の幅を広げていく。
全国各地の木材を原料とした品物が毎月届くサブスクリプションサービスもできるだろう。月ごとに産地の違う「木のお酒」を飲み、同じ木材から抽出された「アロマオイル」をたきながら、自宅から遠くの山々に思いをはせる。製品になる前の木材の産地ツアーなど、「林業×醸造×サブスク」という業種を横断したネットワークによる新たなビジネスモデルの確立も期待できる。

妄想を実現するための知財

木材の発酵技術　国立研究開発法人 森林研究・整備機構

木から生まれたアルコール

化学処理や熱処理を行わず、スギやシラカンバ
などの木を原料として樹木の香りを豊富に含む
アルコールを製造する技術。湿式ミリング処理
という技術を応用し、超微細化した木材粒子に
食品用の酵素と酵母を加えてアルコール発酵す
る技術を開発した。今後安全性が確認されれば
「木のお酒」を製造できる可能性があり、国内の
林業振興につながると期待されている。

出所：Getty Images

知財の機能

| 木材を発酵させて
アルコールを抽出 | 化学的に処理する
ことなく木材を
糖化・発酵 | 木材に食品用の
酵素と酵母を加えて
発酵 | ウイスキーや
ブランデーの
熟成香の成分を含有 | 樹木の香りの個性を
再現できる可能性 |

妄想切り口

地産地消の木のお酒が 楽しめるウッドバー	✓ 毎月違った木材製品が 自宅に届くサブスク	木を使った料理と相性を 合わせたコース料理	思い入れのある木工家具を お酒に変換
✓ 木材の風味をアロマや お香などに活用	木からできたお茶や紅茶	料理のスパイスや 調味料として活用	✓ 商品から外装までを 同一木材でパッケージ
里山を巡りながら飲む テイスティングツアー	山頂のツリーハウスでの 飲酒体験イベント	発酵に向いている 国産材の高価値化	木こり兼バーテンダー という未来の職種

妄想14

出所：知財図鑑（妄想画家／田嶋千寛）

体温を検知するぬいぐるみ
「センシング・ベア」

乳幼児は体温調節機能が未熟なため、親は子供の急な発熱を見過ごさないように常日頃から子供の変化を神経質にチェックしている。そこで、乳幼児の体温変化を検知すると色を変化させるぬいぐるみがあれば、子育ての負担軽減になるのではないだろうか。設定された温度を超えた発熱を検知した場合に変色する特殊素材で作られているため、子供の体温変化も一目瞭然。乳幼児を柔らかい触感で優しく包み込みながら見守ってくれる、頼もしい遊び相手になることだろう。

妄想を実現するための知財

サーモトラッカー　フューチャーカラーマテリアルズ株式会社

食品衛生が一目で分かる温度検知ゲル

温度の変化を検知すると色が変化する、特殊な
色素が含まれたゲル。不可逆的に色が変わるポ
リジアセチレンの特性を利用し、ゲルが青色か
ら赤色に変化することで温度上昇が起こった履
歴を記録できる。消費者は食品に貼り付けられ
たサーモトラッカーを一目見るだけで温度管理
を把握でき、現在はまだ研究段階だが食中毒な
どを未然に防ぐ衛生指標としての活用が期待さ
れている。

出所：Adobe Stock

知財の機能

| 温度の変化を検知すると色が変化 | 温度上昇が起こった履歴を記録 | 不可逆的に青から赤へ転移 | 成分の99%が水なため安価 | 少ない含有量でも色の変化が分かりやすい |

妄想切り口

陳列された食品の適切な温度管理	安全なゲルで温度管理された医薬品	地球規模の温暖化や気温変動を可視化	気温と色の変化を使ったメディア・アート
赤ちゃんの体温異常の検知	医療用スマートベッドに活用	スポーツ選手の患部サポーター	温度を察知して変色する人形
触れた壁や床が変色するインテリア	ハプティクスデバイスとの融合	目視で素早く温度管理できる配送システム	野菜の温度変化を管理するスマート農業

妄想15

出所：知財図鑑（妄想画家／ajisa）

現実空間と仮想空間が溶け合う
「META STREET LIVE」

未来の音楽フェスは、メタバース空間と現実世界を融合させた新しい形態になるかもしれない。観客は現実の街とオンラインの仮想空間、どちらからでも入場が可能。舞台となる街には、国内外アーティストのリアルタイム演奏を体験できるメタバーススポットが複数拠点で設置され、スマートグラスや3Dオーディオを通じて来場者はオンライン・オフライン双方からキューブ型のスポットへと入場して演奏を聴くことができる。現実と仮想空間、視覚と聴覚を越境したインクルーシブなストリートライブとなるだろう。

妄想を実現するための知財

オーディオメタバース　Audio Metaverse株式会社

拡張現実と仮想現実を結ぶ音声AR空間
拡張現実と仮想現実を結びつけ、いつでも誰もが交流可能な音声AR空間を形成する技術。「キューブ」と呼ばれる独立した音声AR空間に接続し、遠隔から接続する利用者と同じ空間体験を共有して対話的に交流できる。キューブは一度つくられると無期限に存在し、現実空間の場所のようにいつでも入ることが可能。没入感と交流を共有するプラットフォームとして期待されている。

出所：Audio Metaverse

知財の機能

| 誰もが交流可能な音声AR空間を形成 | 現実世界と仮想空間で同じ体験を共有 | 空間はいつでも再訪・再体験できる | 空間をNFTとしてデジタル資産化 | 空間オーディオに対応したイヤホンで参加可能 |

妄想切り口

街のAR空間で待ち合わせて雑談 / 観光地に設置した音声案内施設 / ✓伝説のストリートライブをARで再現 / 地球の真裏に立っている人と接続

街中に散らばった楽曲を探して聴くイベント / ✓過去と現在の音声をエリア内に同居 / 100年前の雑談が聞ける音のタイムカプセル / 都市の中に完全な無音空間を生成

✓スマートグラスによりAR空間を可視化 / 一定時間同じ場所にいる人に向けた音声案内 / 海上に漁のスポットを教えるAR空間を設置 / 登山中の安全な音声ルートガイド

妄想16

〰〰〰〰〰

出所：知財図鑑（妄想画家／ajisa）

日替わりスキルで好きなように生きていく
「パラレル・ワークスタイル」

働き方の選択は自由になりゆく現代だが、さらなる未来には職業を自由に横断する「超・複業」の時代がやってくるだろう。VRと触覚デバイス、AIによるラーニングシステムを掛け合わせることで、知識だけではなく身体的なスキルまでを効率的に短期間で誰もが習得することができる。技術はデジタル上に保存され誰もがアクセス・インストールでき、従来型の雇用システムを脱却した自由なワークスタイルが確立される。夢見た職業を諦めることなく、挑戦する機会を等しく持てる世の中が実現するかもしれない。

妄想を実現するための知財

エラーレスラーニング　株式会社電通国際情報サービス（ISID）

あらゆる身体技能を習得できるシステム

学習者が失敗をしないように課題や環境を調整して成功体験を積み重ねながら技能を習得するアプローチ。お手本の速度やバーチャル練習環境での時間の流れる速さをAIが調節し、課題の難度を学習者にとって最適に設定。習得効率とモチベーションを高める。新人教育やスポーツ、医療のリハビリ、伝統芸能など、あらゆる分野での技能伝承への貢献が期待されている。

出所：Getty Images

知財の機能

| あらゆる身体的動作を効率よくインストール | お手本と自分の動きの差異を可視化 | 習得度に合わせてお手本の速度をAIが調節 | ユーザーに成功体験を連続して提供 | 指導管理側の負担を軽減 |

妄想切り口

生徒の能力に合わせた部活動の指導	✓ 1人の先生が100人の生徒に個別指導	匠の技術や伝統芸能をAIで保存・継承	工場に導入してヒューマンエラーの軽減
けがから復帰するためのリハビリテーション	モーションデータを共有したダンス練習	無重力空間の疑似運動体験	世界各国のテーブルマナー習得
✓ 手仕事の動作やコツを自宅で短期習得	指の動きを再現して楽器習得	✓ インストールした技術を資格として転職に活用	クルマなどのモビリティーの運転技術習得

妄想17

〰〰〰〰〰

出所：知財図鑑（妄想画家／澤田麻由子）

味覚を感じる4D映画
「テイスティング・シネマ」

アトラクション型4Dシアターと聞くと、3Dの映像に水・光・香り・振動などの演出効果を加えたものがイメージされるが、"味覚"が新しい要素として加わったらどうだろう。観客は信号により味覚を再現するストロー状デバイスを口にくわえ、映画のシーンに合わせて様々な味を疑似体験できる。高級レストランでの料理の味や、青春映画の甘酸っぱいキスの味、アクション映画で殴られた時の血の味まで、映画の主人公になりきり、その世界に没頭できる。味覚を連動させた新しい映像表現の可能性が広がるだろう。

妄想を実現するための知財

Norimaki Synthesizer（のりまきシンセサイザー）　明治大学総合数理学部 宮下芳明

好みの味を再現する味覚シンセサイザー

のり巻きのような形状の装置を舌の先端に当て、シンセサイザーのように好きな味を自由に再現する"味覚版ディスプレー"。テレビの映像表示に使われている色を表現するRGBのように、ベースになる5つを組み合わせ「味のピクセル」として様々な味覚を再現することが可能。飲食を伴わない味覚再現ツールとして応用が期待されている。

出所：明治大学総合数理学部 宮下芳明

知財の機能

| 甘味、酸味、塩味、苦味、うま味を配合 | ゲルを束ねて円柱型に組み立て | 人とデバイスによる電気回路を形成する仕組み | 舌に当たるイオンの量を制御して味を変化 | 味の割合をコントローラーで個別に調整 |

妄想切り口

食事制限が必要な患者に活用	SNSで好きな味のデータを投稿	✓ VRと組み合わせて味覚と映像をリンク	新メニュー開発のためのプロトタイピング
高級レストランの味をキャンディーで再現	✓ もう一度食べたい思い出の味を記録保存	注文前にメニューの品を味見	好みの味をチャート化してレコメンド
✓ 味覚により感性を増幅させる音楽体験	パラメーターで子供の苦手な味を徐々に克服	好きな味を口に含んで眠れるスリープテック	宇宙空間における味覚の多様性の提供

妄想18

出所：知財図鑑（妄想画家／ソノナカ）

3Dバーチャルギフトを贈り合う
「V-Giftプラットフォーム」

3D映像データの出力装置が一家に一台置かれることがスタンダードになった未来では、3Dデータをプレゼントとして贈り合う文化が生まれているだろう。バーチャルギフトECサイト「V-Gift」では、3Dデータの登録・売買・譲渡が可能。利用者はサイト内に並ぶ観賞用3D作品を任意の相手に贈ることができる。SNSとも連動することで、ECサイトの枠を超えてデジタルアーティストたちの発信と交流のプラットフォームとしても機能するだろう。

妄想を実現するための知財

brightvox 3D（ブライトヴォックス　スリーディー）　株式会社ブライトヴォックス

現実に全方位映像を映し出す投影装置
裸眼のまま見ることができる全方位立体映像を
現実空間に映し出す投影装置。独自開発の特殊
回転スクリーンと投影技術により円柱のショー
ケース内に立体映像を映し出し、上下左右あら
ゆる方向から視点を変えて立体映像を鑑賞でき
る。リアルの場にメタバースを出現させる新体
験として、イベントやプロモーション、ショー
ルームなどでの活用が期待されている。

出所：ブライトヴォックス

知財の機能

| 特殊な 回転スクリーンと 投影技術 | グラスデバイスなし で全方位からの 鑑賞が可能 | 3Dモデリング データを基に 映像を作成 | 三次元酔いを 起こさない 完全立体表示 | 画像処理 アルゴリズムによる 高精細なカラー映像 |

妄想切り口

| 店舗やショールームの バーチャルアシスタント | ゲームのモンスターを 立体映像で実現 | 建築図面の シミュレーションに活用 | レストランの商品サンプル をデジタルサイネージ化 |

| ✓ 3D作品に特化した 美術館やコンペティション | 試合中のスポーツ選手の 動きを立体で再現 | ✓ 立体映像のデジタル ペットを共同飼育 | ✓ バーチャルギフトを 売買できるECサイト |

| お墓参りをすると3Dの 故人が現れるサービス | 3Dアバターとして リアルな会議に参加 | 立体で全方向から 視聴可能な音楽ライブ | 教育分野における 立体構造把握支援 |

妄想19

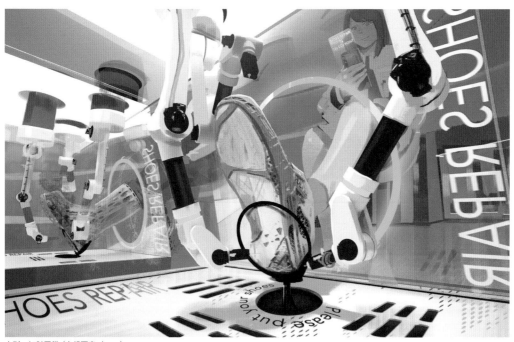

出所：知財図鑑（妄想画家／ajisa）

すり減った分だけ足していく
「シューズ・リペア・センター」

大規模な製造ラインや工場を必要としない3Dプリントのシューズは、サステナブルな意識が向上した未来の社会で、より存在感を増していく。街なかの各エリアには、AIを搭載した3Dプリンターで靴の欠損箇所を検知して自動修繕とリデザインを行うリペアショップが点在し、「靴は壊れたら捨てる」という概念は希薄になる。リペアの代金は、カーボンオフセットによりたまったポイントを使うことができ、持続可能なライフスタイルを自然に実践しながらファッションを楽しむことができるだろう。

妄想を実現するための知財

MAGARIMONO　株式会社MAGARIMONO

3Dプリント生産の次世代フットウェア
クリエイティブとテクノロジーを掛け合わせた
次世代フットウェア。複雑な模様のソールや
アッパー生地など、ほぼすべてのパーツを3D
プリントで製作。大規模な製造ラインを要す
る従来の靴づくりとは異なり、3Dプリントに
よって意匠性と機能性を両立しながら小ロット
生産が可能。靴づくり職人の存在をリフトアッ
プし、3Dプリンティングの価値向上が期待さ
れる。

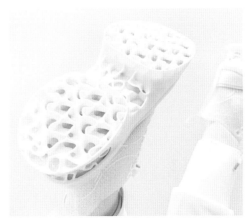

出所：MAGARIMONO

知財の機能

| ほぼすべての
パーツを
3Dプリントで製作 | 意匠性と機能性を
両立 | 金型がなく材料の
ロスが発生しない | パーツの点数や
組み立て工程を
大幅に省略 | ロット数の
制約なしに
一足から製作 |

妄想切り口

クリエイターが 個人経営する靴工場	足の形にパーソナライズ された3Dシューズ	衣服やバッグなどの プロダクト展開	✓ 劣化部分だけを修復 できるリペアショップ
お気に入りの 靴職人マッチング	経年変化する 4Dシューズ	✓ データを購入して 自宅で3Dプリント	地域の名産を 靴の素材に使用
✓ カーボンオフセット との連動	遠隔操作で靴を製作	3Dアパレル ファッションショー	思い出の素材を 組み込んだ靴

妄想20
〜〜〜〜〜

出所：知財図鑑（妄想画家／澤田麻由子）

新感覚水中アトラクション
「フロート・ウォーターパーク」

水中の酸素量や水圧を調整することで「浮力」を自由自在にコントロールすることができれば、いまだかつてないアトラクション体験をつくることができるかもしれない。局所的に水中に浮き沈みできるゾーンをつくれば、従来の平面だけを流れるプールとは異なり、全方位型の新感覚エンターテインメントとなる。アミューズメント施設としてだけではなく、酸素濃度を調整することで疲労回復やリフレッシュ効果も備えたリラクゼーションにもなるだろう。

妄想を実現するための知財

ばっ気設備　株式会社荏原製作所

水中環境を整える空気供給装置

水を空気にさらして液体内に酸素を供給する「ばっ気」を行うために開発された空気供給装置。養殖池や水質汚染の進んだ河川でヘドロや被養殖生物の死骸などの巻き上げを防止するとともに、河川やダムの水位が変動した際にも安定して空気の供給を行うことが可能となる。また、酸素が水中に溶け込む時間が長く、溶存酸素改善効果が高い。

出所：荏原製作所

知財の機能

| ヘドロを巻き上げずに空気を混合 | 時間をかけて水を放流して溶存酸素を供給 | 吸水と吐水を均等に行いヘドロの堆積を防止 | 水位変動が大きい場所でも安定した空気供給 | 設備内のろ過機で浮遊物を除去 |

妄想切り口

✓ 血行促進の泡風呂	海岸のごみや不純物のろ過	水族館のメンテナンス	泡で図形や絵を描くアート
✓ 水圧調整で浮き沈みをコントロール	寺の池を水の循環で映えスポット化	水質浄化で野菜を育てる「川の畑」	✓ プールのアトラクションに応用
ばっ気で育てた魚介ブランドサブスク	船やボートに浄化機能を搭載	川や海の急な水位変動を相殺	堆積したヘドロをプロダクト素材に還元

妄想21

出所：知財図鑑（妄想画家／早瀬真菜美）

ととのう読書体験
「漫画喫サウナ」

サウナと漫画。一見すると魅力的なこの組み合わせには「紙が水に弱い」という致命的な弱点がある。サウナルームに紙の漫画を置けば、蒸気や汗でふにゃふにゃになってしまう。そこで、耐水性に優れた新素材の漫画本で漫画喫茶を展開すれば「サウナで漫画を読む」ぜいたくな時間を楽しむことができる。サウナに限らず、温泉やプール、海辺でも水に濡れることを気にせず読書が可能になると、身体的な癒やし効果だけでなく知的なエンターテインメントとして、クリエイティブな時間を生み出すことができる。

妄想を実現するための知財

LIMEX（ライメックス）by TBM　株式会社TBM

石灰石が主原料、プラスチックや紙の代替素材
石灰石からプラスチックや紙の代替品をつくり
出すことができる新素材。紙の代替品となる
「LIMEX Sheet」は、従来の紙の生産のように製
造工程で木や水を大量消費することがなく、ま
た、原料の石灰石は世界中に豊富に存在し、リ
サイクル可能なことから、天然資源の使用を大
幅に削減できる代替品として期待されている。

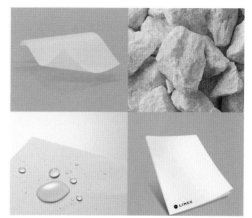

出所：TBM

知財の機能

| 軽量で高い
印刷適性を持つ
石灰石製 | 木や水を
大量消費せずに
生成可能 | 防水性と耐水性に
優れ破れにくい | 手切れや指切れが
起きにくい | リサイクル
が可能 |

妄想切り口

✓ 水や雨に濡れても 読める本	食品パッケージの代替	✓ 貴重な研究資料の 長期保存	宇宙空間でも 保存できる本
✓ 温泉や海辺に 併設した図書館	石灰石採掘による 町おこし	極限環境でも残せる 記録用ノート	全天候に対応する 紙のポスター
リサイクルできる意匠を 凝らした造花	繰り返し再構築が 可能な住宅	耐水性の服や靴の素材	石灰石に特化した リサイクル工房

妄想22

出所：知財図鑑（妄想画家／早瀬真菜美）

いつでもSS席で仕事ができる
「超集中ポッド」

5Gが到来しネットワーク通信が高速化されていることから、例えば世界中のコンサートホールと密閉空間の三次元音響空間ポッドがライブで連携すれば、いつでもSSランクの席の立体的な音響を、周りを気にせずに聴くことができる。自宅でコンサートホールの演奏を聴くことができるほか、アンビエント・ミュージックを立体音響で再生すれば瞑想にも使える。朝一番で、ポッドの静寂の中で10分間瞑想すれば、整った状態で仕事をスタートすることができるはずだ。

妄想を実現するための知財

音響樽　東京電機大学・Cask Acoustics

超ハイレゾ・聴覚テレポートマシン

遠隔地にいる他者とも音響空間を共有するために開発された、96個のスピーカーを搭載する樽型音響再生装置。従来のサラウンドスピーカーやバイノーラルイヤホンとは異なるレベルで音の三次元波面を生成し、音の指向性だけでなく空間全体の三次元的な雰囲気まで表現することが可能となる。高精度の立体音響空間をつくり出し、日常から隔絶された没入感を体験できる。

出所：東京電機大学・Cask Acoustics

知財の機能

| 音の指向性だけでなく空間全体を三次元で表現 | 仮想空間内で三次元的に音の空間の構築が可能 | 遠隔地にいる他者と「音」により空間を共有可能 | 既存の2ch音源を96chに変換可能 | 空間の「音の波」を全方位で収録して再現 |

妄想切り口

VRと連動した没入型ライブコンテンツ	✓ 立体音響を使った瞑想体験	建築物における音響シミュレーション	✓ 世界のコンサートホールと同期
✓ 音で集中するリモートワークスペース	360度を音で囲まれた映画鑑賞	世界中の街の雑踏を再現	生体データを基に音響ヘルスケア
思い出の会話を保存できるサービス	遠隔で音響ポッド同士をつないで会話	メタバースの世界観を音で表現	赤ちゃんの最初の泣き声を保存

妄想23

出所：知財図鑑（妄想画家／早瀬真菜美）

鮮度に合わせてレシピを提案
「フードロスゼロ鮮魚店」

スーパーマーケットで魚を購入する際の鮮度の目利きがテクノロジーによって自動化されることで、フードロスを減らすことができるかもしれない。保存状態や消費期限を正確に把握したAIが、「この魚は刺し身で召し上がってください」「こちらはフライにするのがおすすめです」「すり身にして鍋で食べたらどうでしょう？」と、魚の個体ごとの最適なレシピを客に提案することができれば、仕入れた魚を無駄にすることなく、最後までおいしく消費することができるだろう。

妄想を実現するための知財

鮮度測定　パナソニックホールディングス株式会社

魚の鮮度測定テクノロジー

紫外線カメラを装着したカメラで魚眼を撮影
し、死後経過時間を正確に測定することができ
る技術。従来の属人的な目利きに頼ることな
く、測定した情報から高鮮度（生食が可能）から、
低鮮度（不可食）に至るまでの鮮度の度合いを
段階的に測定できる。魚を傷つけずに、正確に
保存環境や鮮度測定が可能なことから、フード
ロス削減への活用が期待される。

出所：Getty Images

知財の機能

| 熟練した職人に頼ることなく鮮度判定が可能 | 魚眼に紫外線を照射して短時間で測定 | 魚眼の虹彩の輝度などから保存環境を推定 | 鮮度の度合いを段階的に測定 | 魚を加工することなく非破壊で測定 |

妄想切り口

死亡時間から魚群の生態を調査	寿司職人の新人教育のDX化	✓ 鮮度に合わせた最適なレシピの提案	鮮度で皿の色が変わる時価回転寿司
畜産動物への転用	スマート冷蔵庫による鮮度通知	✓ 数分単位で値付けが変わるスーパーマーケット	水族館の水生動物の飼育監視
当日消費期限の商品のみのコンビニエンスストア	✓ 自動で目利きを行う職人ロボット	鮮度測定できる「魚眼」スマホレンズ	一般人でも参加できる競りのデジタル化

妄想24

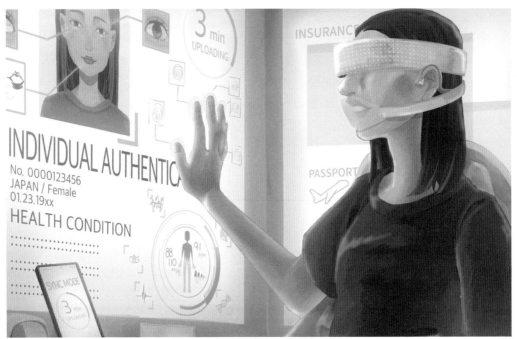

出所：知財図鑑（妄想画家／町田緑）

個人の生体情報をスマートに一括登録
「BioBOX」

未来の生活では、指紋や表情などあらゆる個人の生体データをトリガーとしてガジェットの操作が可能となる。そこで、個人の生体データの一括登録が可能なボックスを公共施設や市役所に設置してみてはどうだろう。中に入り、指定された手順で3分間待つだけで、呼気・眼球・表情・指紋・体内環境などあらゆる生体データがスムーズに登録完了。任意で住民登録データや各種アプリケーションと連動させることで、手続きや生活体験を老若男女問わずスマート化させることができるだろう。

妄想を実現するための知財

呼気センシングによる個人認証　パナソニック インダストリー株式会社

精度97.8%の"息"を活用した生体認証

人の息を活用した個人識別システム。個人で異なる呼気の成分パターンを分析することで、平均識別精度97.8%という高精度の個人認証を実現する。指紋などのように外傷による影響が起こりにくく、呼気は認証後に霧散するため、窃取による長期的ななりすましも防止できる。高セキュリティーな生体認証技術の実現につながることから、実用化に向けた実験が進められている。

出所：パナソニックインダストリー

知財の機能

| 個人ごとの呼気の成分パターンを分析 | 平均識別精度97.8%の個人認証を実現 | 分子群の濃度が高い呼気ガスを利用 | 分子を検出する人工嗅覚センサー | センシングデータに機械学習を適用 |

妄想切り口

吐息でスマートフォンのロック解除	運転手の呼気がキーとなり動く自動車	✓ 呼気を利用した出入国管理システム	呼気の成分パターンによる相性マッチング
身体が動かせない人のセキュリティーツール	スマートマスクに実装して感情センシング	家族以外の呼吸を検知する防犯装置	本人の息でのみ消せる誕生日ケーキ
ジムのトレーニングマシンに応用	✓ 呼気がアカウントとなるSNS	呼吸と連動するゲーム	✓ 市役所の手続きを呼気で一括化

参照：C. Jirayupat, K. Nagashima, T.Hosomi, T. Takahashi, B. Samransuksamer, Y. Hanai, A. Nakao, M. Nakatani, J. Liu, G. Zhang, W. Tanaka, M. Kanai, T. Yasui, Y. Baba and T. Yanagida, "Breath odor-based individual authentication by an artificial olfactory sensor system and machine learning", Chem. Commun. 58 6377-6380 (2022)

妄想25
〰〰〰〰〰

出所：知財図鑑（妄想画家／ajisa）

スマート農業を進化させる球体液肥
「Drone FARMING」

農薬の散布、種まきや受粉などの工程をドローンが行うスマート農業が近年浸透しつつある。成分をコントロールすることができる天然由来・自然分解の球体型肥料があれば、作物やエリアにより効果的な栄養素をピンポイントで散布できる新たな農法が生まれるだろう。すべてが遠隔操作なため、労働負担の軽減のみならず、従来は人の手では補い切れなかったポイントやタイミングでも散布が可能。例年の土壌・気候データともひも付けることで、別地域でも同条件の作物が再現できるようになるだろう。

> 妄想を実現するための知財

Ooho!（オーホ）　Notpla Limited.

ペットボトルを不要にする水のパッケージ

海藻や植物などの天然成分由来でつくられた食用膜。物理的な外装を使うことなく液体を保存することができる。清涼飲料水、アルコール、調味料などその他の液体類にも使用が可能。ペットボトル7万4142本分に相当する、2.97トンのプラスチックを削減することができる。自然環境下では4〜6週間で生分解されるため、ペットボトルやカップの代替品として環境負荷の軽減に貢献することが期待されている。

出所：Notpla

> 知財の機能

| 水も外装の膜も
そのまま
食用可能 | 植物や海藻から
抽出された
天然素材を使用 | 4〜6週間で
自然に分解 | 多様な液体類
に使用が可能 | 2.97トンの
プラスチックを
削減 |

> 妄想切り口

一口サイズの スーパーフード	✓ 農場や養殖場に散布	宇宙空間で飲む 「無重力みそ汁」	天然素材で子育てできる 母乳カプセル
サステナブルな 音楽フェスのドリンク容器	子供も楽しく飲める 薬用カプセル	絵の具塗料として アートに使用	✓ 時間差で溶ける タイムカプセル
✓ ドローンで水が 必要なエリアに配送	思い出の日の雨や 雪を保存	粒状にした新食感の 駄菓子	温泉成分を含んだ 入浴剤

妄想26

〰〰〰〰〰

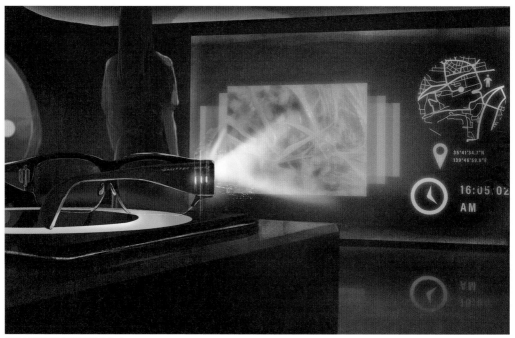

出所：知財図鑑（妄想画家／ajisa）

見過ごす"美"にしおりをはさむメガネ
「SHUTTER Glass」

情報量がさらに飛躍する社会では、日常の中に存在する「美しい現象」に目を留めることが、より難しくなっていく。SHUTTER Glassは、日常の美しさを切り取ってくれるメガネ。搭載された高速カメラが常にリアルタイムな画像認識を行い続けることで、ユーザーが無意識に「美しい」と感じた瞬間を時間や位置情報とともに画像ログ化。身の回りの「美しい」を見逃さない。身近にある自然の美しさや他者の行動に気づき、身の回りの変化に自分で気づくためのきっかけを提供してくれるだろう。

妄想を実現するための知財

高速カメラ物体認識技術　NEC／日本電気株式会社

高速移動物体のリアルタイム認識技術
高速移動する物体でも、動きを止めずにリアルタイムで認識することのできる技術。1000fps（フレーム／秒）のような高フレームレートで撮影できる高速カメラと、高速軽量な画像認識技術によって実現。動く物体を止めることなく、外観のわずかな違いまで認識できるため、従来の画像認識で必要だと考えられていた工程や動作を丸ごと省略することができる。

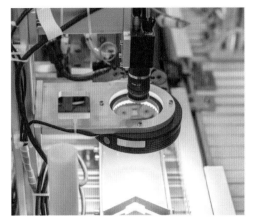

出所：Adobe Stock

知財の機能

| リアルタイム認識が可能 | 1000fpsの高フレームレート撮影 | 高速で移動する物体を正確にトラッキング | 画像認識にふさわしい画像を瞬時に判断 | 多数決方式による画像認識 |

妄想切り口

野菜や果物の等級を瞬時に見分け	ヒューマノイドの視覚に活用	自動運転中の事故の予兆を検知	人々の動きや表情からストレスを数値化
スポーツの試合会場に360度設置	✓スマートグラスに搭載	身体の異常を察知するIoTデバイス	エアモビリティーに実装して街の写真を収集
✓楽しい・美しいなどの形容を識別	唇の動きから言葉を予測	✓撮影画像を場所とともにログ化	自分の消費行動をリアルタイムに追跡

CHAPTER

2

技術から 未来事業を導く DUAL-CAST

再現可能なプロジェクトデザイン手法の体系化

　妄想は全人類に保証された自由だ。妄想を可視化して、いくつも自分のポケットに入れておくと、ポジティブな共創が生まれやすい。CHAPTER 1ではそんな話題に花が咲いたが、企業の方からこんな質問がよく出る。

「たまたまいいアイデアを思いつくことはあるけど、運任せだと仕事にならない」
「社内で仲間をつくりたいが、"妄想しよう"という声かけでは忙しいみんなを集められない」
「真剣にプロジェクト化をしたいけど、どう順序立ててやればいいものか」

　これらはとてもリアルな生の声で、同時多発的に様々な企業で起こっている課題だ。こういった状況に何度もぶつかるうちに、こんな思考にたどり着いた。

「筋の良いアイデアを量産するために、チーム全体で妄想力を向上させられないだろうか」
「部門横断で"やってみよう"と着火するには、フレームワークがあると便利だ」
「技術を持つ企業が主体的に進められる仕組みがあるべきだ」

クリエイターとしては、ケースに合わせてゼロからプロジェクトを提案することを当たり前としてきたが、これまでの成功体験から「共通項」を見いだすこと、すなわち、誰でも再現が可能な「体系化」に向き合う必要性を強く感じた。

人々の共感や話題を集め、様々なプロジェクトを立ち上げ続ける人は、頭の中ではどんな思考を巡らせているのか。なぜ他者を引き付けて巻き込むことができるのか。数多くのリーダーやイノベーターとの対話を通して、その秘訣を抽出し、企業との共同実験を繰り返し、再現可能な体系にまとめ上げた。それが「DUAL-CAST」(「デュアルキャスト」と読んでほしい)。技術から未来事業を導くためのプロジェクトデザインのメソッドである。

未来事業のための双方向のアプローチ

昨今のビジネスの現場では、次の2つのキーワードを使用する場面が増えてきている。

・Forecast(フォアキャスト)
・Backcast(バックキャスト)

特に「Backcast」(バックキャスト)の手法にスポットライトが当たる機会が増えているが、未来事業をプロジェクト化するには「Forecast」(フォアキャスト)も含め、双方向からのアプローチを組み合わせることが重要だと捉え「DUAL(デュアル:二重の/双対の)CAST」という造語にたどり着いた。

ForecastとBackcastの詳細については他書に委ねるが、大枠の概念は共有したい。釣り好きならなじみ深いかもしれないが、そもそも"cast"とは「投げる」ことを指す。そして"Fore-"は「前方に」、"Back-"は「後方に」という意味を持つ。そのまま捉えると「Forecast = 前方に投げる」「Backcast = 後方に投げる」となる。

このままだとビジネス的に解釈しにくいので意訳的に解説を進めていく。ついでに釣りのモチーフで考えると、とても分かりやすい(**図表2-1**)。

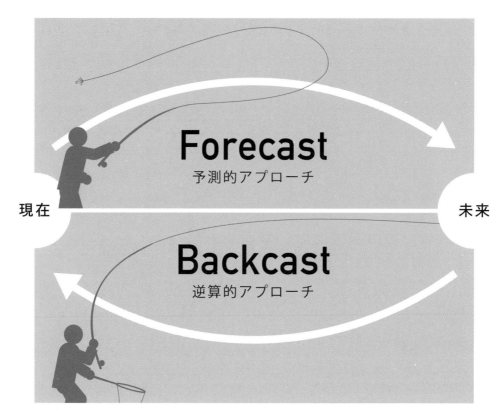

図表2-1　Forecast と Backcast
出所：知財図鑑

Forecast ＝ 現在から、未来を予測してニーズがありそうな方向に仕掛けを投げる

Backcast ＝ 未来から、ニーズを引き寄せるために現在注力すべきことを逆算し行動する

　現在から未来を予測するのが、Forecast。未来の視点から現在を振り返って逆算するのが、Backcast。大まかにはこのような理解を持っておいてほしい。

※なお、本来的な釣りの意味だと、仕掛けを前方の狙ったところまで投げる動作がForecastで、その準備のために反対の後方にキャストするのがBackcastなのだが、ビジネス的にイメージをつけやすくするために説明を変えている。

力強い「Backcast」には、魅力的な「Forecast」が必須

　2015年に国連が発表した持続可能な開発目標・SDGsが「目指すべき未来」の視点で設定されているように、ここ数年Backcastにフォーカスが当たっている。それは時代がVUCA（Volatility・Uncertainty・Complexity・Ambiguityの頭文字を取った造語：先行きが不透明で将来の予測が困難な状態）と呼ばれるようになり、社会やビジネスにとって未来の予測が困難で不確実なものになっているからだ。戦後の高度経済成長時代には、インフラ整備が急ピッチで進められる中、何年後には線路がどこまで延びて、いつ高速道路が開通して、テレビが全国放送になり……といった時代の大きな節目が見えており、また国民のニーズもおおむね画一的でみんなが冷蔵庫や洗濯機やテレビを等しく欲しがった。だからこそ企業も未来のニーズを「予測」しやすく、事業計画に対する投資の判断も今よりはシンプルだったはずだ。

　今日の世界はどうか。突如として感染症がグローバルに拡大して人々のコミュニケーションのあり方が激変したり、一企業の強力なイノベーションを発端に世界中の人々の手にスマートフォンが行き渡りサービス提供の次元が更新されたり、ブロックチェーン技術の発展により長年続いた中央集権型の力学から解放されて分散型組織があちらこちらで勃興するなど、影響力の大きな出来事が突然起こり、良しあしを問わず「不確実性」が高まり続けている。

　頻発する不確実な出来事に毎度影響を受けて、修正に修正を重ねて事業計画を煮詰め続けてしまう企業が続出し、いつ形になるか分からないストレスや、投資への疑問がそこかしこで蓄積している。だからこそ「理想的な未来」を掲げて、それを実現すると決意して強力にまい進することで、新規事業の成功確率を高めていく「Backcast」の手法が注目されている。この視点は、とても重要だ。

　釣りにおいても、魅力的な獲物が針に食いつき水面から頭をのぞかせていると、周りの人が応援してくれたり、アドバイスをくれたり、網を差し出してくれたりして、成功する確率が上がる。新規事業も同じだ。

　しかし忘れてはならないのが、周囲の応援を受けるには、Backcastするものが「魅力的な獲物」であることだ。巨大なごみが引っかかっていても盛り上がらない。こと新規事業においては、未来感の強さからくる**「魅力性」**に加え、自社だからこそ取り組むべきであるとうなずける**「納得性」**

が高いことが大切だ。「**魅力性**」と「**納得性**」は、妄想プロジェクトの重要事項である。獲物を魅力的で、納得性の高いものにしていくには、やはり未来の視点を意識した「Forecast」が欠かせない。

　「DUAL-CAST」は、この不確実な時代において、様々なステークホルダーと交わりながら、自社が狙うべき獲物を妄想する「Forecast」と、プロジェクトを立ち上げて具現する「Backcast」の手法を組み合わせて体系化している。

「DUAL-CAST」の全体像

　以下、本書の多くのページを使ってDUAL-CASTを解説するが、まずは全体像をご覧いただきたい（**図表2-2**）。DUAL-CASTのメソッドは、Forecast型の「妄想」と、Backcast型の「具現」の前後半に分かれている。「妄想」のゴールは、魅力的で取り組む納得性が高い妄想プロジェクトを可視化すること。そして「具現」のゴールは、妄想を体験化し、共感を呼ぶプロジェクトが動き出すことだ。その先に未来事業が立ち上がる。

　DUAL-CASTメソッドは次に示す5つのフェーズで構成される。フェーズ1とフェーズ2が「妄想」、フェーズ3以降が「具現」に当たる。

フェーズ1「妄想ワークショップ」
フェーズ2「可視化」
フェーズ3「発信」
フェーズ4「プロトタイピング」
フェーズ5「検証」

図表2-2　DUAL-CASTの全体像
出所：知財図鑑

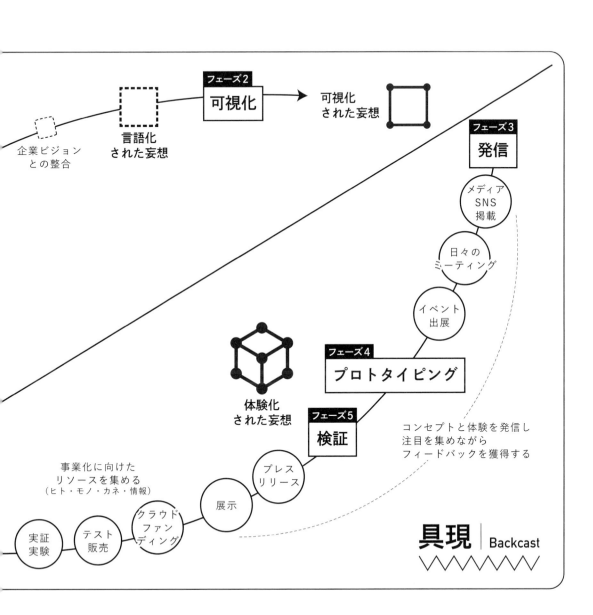

フェーズ2
可視化

可視化
された妄想

企業ビジョン
との整合

言語化
された妄想

フェーズ3
発信

メディア
SNS
掲載

日々の
ミーティング

イベント
出展

フェーズ4
プロトタイピング

体験化
された妄想

フェーズ5
検証

コンセプトと体験を発信し
注目を集めながら
フィードバックを獲得する

事業化に向けた
リソースを集める
（ヒト・モノ・カネ・情報）

プレス
リリース

展示

クラウド
ファン
ディング

テスト
販売

実証
実験

具現 | Backcast

各フェーズの「INPUT」「OUTPUT」「完了条件」「想定期間」「推奨参加メンバー」を整理したので見てほしい（**図表2-3**）。この表を見れば、各フェーズで取り組むことが理解でき、見通しを立てて進めることができるだろう。なお、推奨参加メンバーの欄には化学反応が起こりやすい組み合わせを示したが、特に厳密なルールではないので状況に合わせて柔軟にチーム編成をしてほしい。

妄想（フェーズ1「妄想ワークショップ」、フェーズ2「可視化」）の期間は、初めて取り組む場合、約3カ月を標準的な想定期間と見積もっておくとよい。チームとして習熟が進み、習慣化できてくると、もっと短期間で終わらせることも可能である。具現（フェーズ3「発信」、フェーズ4「プロトタイピング」、フェーズ5「検証」）は対外的な情報発信も伴うため、企業によっては時間を要する場合もあるが、関係者の熱量を高く保つにはプロジェクトを始めて半年以内にフェーズ4「プロトタイピング」を実施し、その後、フェーズ5「検証」に進むことを推奨する。

NECによる「DUAL-CAST」の実行例

本書では読者がDUAL-CASTを試せるように「手順」にまで落とし込んで解説しているが、そうした説明は抽象的になりがちなため、私たちがNEC（日本電気株式会社）とこのメソッドを用いてプロジェクトに取り組んだ具体的な事例を添えて解説を進めていく。

NECには未来創造プロジェクトがあり「エクスペリエンスネット」という新しい概念をビジョンとして掲げている。情報の共有を高次元に実現したインターネットの時代からさらに進化し、人々の「体験」を共有可能にして、あらゆる分断を乗り越えていこうというビジョンだ。長年にわたり幅広い分野の研究開発を進めてきたNECの技術を基に、エクスペリエンスネット時代の未来事業を導き出すために、DUAL-CASTを用いた。

題材になったのは「高速カメラ物体認識技術」という知財だ。この技術から、どのように未来事業を導くプロジェクトがデザインされていったのか、ぜひ体験してもらいたい。

では、「DUAL-CAST」の世界に飛び込んでいこう。

		INPUT	OUTPUT	完了条件	想定期間	推奨参加メンバー
Forecast	フェーズ1「妄想ワークショップ」	テクノロジーやサービスなどの知財	妄想が言語化された「未来リリース」	未来の環境・自社ビジョンともに適合する「事業のタネ」がリアリティー高く言語化される	1.5カ月（仲間集め・題材決め：1カ月 → 準備：2週間 → 実施1~2日）	新規事業部門／研究開発部門／知財部門／クリエイター
Forecast	フェーズ2「可視化」	妄想が言語化された「未来リリース」	可視化された「妄想プロジェクト」	瞬間的に未来のワクワク感を伝達するための「妄想」が解像度高く可視化される	1.5カ月	新規事業部門／クリエイター
Backcast	フェーズ3「発信」	可視化された「妄想プロジェクト」	「妄想プロジェクト」のメディア掲載・SNS発信	可視化された妄想が社内外に発信され注目を集める	掲載日以降は恒常的に発信	新規事業部門／広報・宣伝部門／クリエイター
Backcast	フェーズ4「プロトタイピング」	「妄想プロジェクト」のメディア掲載・SNS発信	体験可能なプロトタイプ	UXデザインを行い「妄想」の世界が体験可能な状態となる	3~6カ月（制作内容によっては増減あり）	新規事業部門／研究開発部門／知財部門／クリエイター
Backcast	フェーズ5「検証」	体験可能なプロトタイプ	未来事業を立ち上げるためのリソース（ヒト・モノ・カネ・情報・機会）	プロトタイプをユーザーやステークホルダーに体験してもらい、フィードバックを得る	3カ月~	新規事業部門／広報・宣伝部門／経営部門／営業部門（ユーザーと対峙する部門）

図表2-3　DUAL-CASTの5つのフェーズ
出所：知財図鑑

CHAPTER

3

DUAL-CAST
フェーズ 1
妄想ワークショップ

フェーズ1 妄想ワークショップ

フェーズ2 可視化

フェーズ3 発信

フェーズ4 プロトタイピング

フェーズ5 検証

妄想ワークショップの概要	
INPUT	テクノロジーやサービスなどの知財
OUTPUT	妄想が言語化された「未来リリース」
完了条件	未来の環境・自社ビジョンともに適合する「事業のタネ」がリアリティー高く言語化される
想定期間	1.5 カ月（仲間集め・題材決め：1 カ月 → 準備：2 週間 → 実施 1~2 日）
推奨参加メンバー	新規事業部門／研究開発部門／知財部門／クリエイター

「妄想ワークショップ」の始め方

　「はじめが肝心」という定型句があるが、「DUAL-CAST」も例外ではない。深く研究されてきた技術ほどバイアスも深いため、発想を未来に飛躍させるために、順序立てた思考法からプロジェクトを始める。ここで誤解を避けておくと、バイアスがあることは問題ではなく、むしろ深く掘ってきた証しだ。仮説を立てなければ技術開発などできるわけもなく、優れた技術は仮説と検証のらせん階段を何重にも経ている。そんな深掘りの轍をリスペクトしながら、新たな可能性を見いだすためにバイアスを取り除くことからスタートする。

　そのためにまず取り組むフェーズが「妄想ワークショップ」だ。これは、企画業務に慣れていない人でも発想できることを重視し、様々な企業と繰り返し行ってきた妄想の過程からコツを抽出し、ワークショップとして構造化したものだ。このCHAPTERではワークショップの流れに沿ってバイアスから脱却し、将来を予測しながら、未来事業のタネを言語化していこう。

技術から妄想するための、５つのステップ

　妄想ワークショップは、DUAL-CASTの前半部分「妄想」の軸となる。技術の可能性をひもとき、新たな発想を拡張し、事業に落とし込めそうなアイデアを絞り込むところまでを目標としている。このフェーズは次に示す５つのステップから構成される。

ステップ1　分解（なぜの深層理解）
ステップ2　拡張（バイアスからの脱却）
ステップ3　収束（未来視点の獲得）
ステップ4　整合（納得性の強化）
ステップ5　予言（リアリティーの向上）

　アイデアを「発散」させ「収束」に向かうという大きな流れは一般的な創発型ワークショップと共通しているが、「たくさんいいアイデアが出たね。すごく刺激的だった、お疲れさま！」と脳に汗をかいて気持ちよく解散してしまいがちなワークショップが多いのは、もったいないと考えている。発散に満足し日常業務に舞い戻るのではなく、具現に向けた行動を起こす動機を生み出す

ために、妄想ワークショップには各段階に注力ポイントを明確に置いている。

　これから紹介するフローを順に追っていけば、誰でもDUAL-CASTのメソッドを通してプロジェクトを幕開けを迎えることができる。丸ごとトレースしてもいいし、妄想力を高めるトレーニングとして部分的に抜き出して実践するのもよいだろう。あなたが抱えている課題に応じて柔軟にトライしてみてほしい。

　なお、妄想ワークショップは同時に共同編集ができるオンラインホワイトボードツール「Miro」を使って実施することを推奨している。操作は至ってシンプルで、高いITリテラシーは求められないため、各自のパソコンとWi-Fi環境を用意できる場合は極力Miroを使う方が発想を量産しやすく、合意形成の質も上がる。ただし、山の中などオフラインの環境でゆったりワークショップを行いたい場合は、ホワイトボードや模造紙と付箋に代替して実践することも可能だ。DUAL-CASTのMiroのテンプレートは、下記のQRから閲覧できる。実際に自社でワークショップを試すために操作可能なMiroテンプレートが欲しい場合には、同じく下記の知財図鑑コンタクトフォームから問い合わせてほしい。

閲覧用Miroテンプレート
https://miro.com/app/board/uXjVP8n4KDc=/?share_link_id=592183461814

知財図鑑コンタクトフォーム
chizaizukan.com/contact

まずはチームを組み立てよう

　自社技術をイメージし、ワークショップにトライしようとしている読者がいま気にかけているのは「誰に声をかけようか」ではないだろうか。

　あなたが発起人になったとして、理想のチームは次のようなメンバーで構成されると化学反応が起きやすい。なお発起人はどんな職種でも構わないが、DUAL-CASTメソッドの説明に一本筋

を通すため、今回は「新規事業担当者」が発起人となったケースで展開する。

- 新規事業担当（発起人）：未来事業の創出を担っている人物
- 研究者／技術者　　　：研究開発を行い、技術に関して詳細な説明ができる人物
- 知財管理者　　　　　：知財の活用を期待されている人物
- クリエイター　　　　：自由な発想を得意とする人物

　ワークショップを勢いよく始める前に、大切にすべきルールをチーム内で共有しておこう。

ルール1「否定しない」

　一般的なブレストと同じだが、賞賛はOK、否定はNGが基本ルールとなる。発言しやすい空気感が最も重要だ。

ルール2「質より量」

　否定されないことが保証されているので、他者からの評価を気にすることなく、とにかく量産すること。いいアイデアを思いつく人より、たくさんのアイデアを出した人に拍手を送る。

ルール3「誰かの発想に重ねる」

　いいアイデアは互いに刺激し合うことができる。互いの発想を重ね合わせて、アイデアを発展させていく。ライバル意識は不要。

ルール4「切り口でOK」

　いきなり具体的な事業アイデアを思いつけるのなら苦労しない。この段階で発想していくのはあくまで「切り口」であって、具体的な事業企画である必要はない。抽象的な表現や単語レベルの記載も歓迎し、発想の重ね技を期待する（例：「XXできるかも」「YYの可能性」「ZZ欲しい」といった軽い表現も許容）。

　また、妄想ワークショップに関して、よく質問に上がる項目は「妄想ワークショップQ&A」にまとめた。こちらを参考にしながら、自社環境を想像して、適時やりやすい形にチューニングしてほしい。

妄想ワークショップQ&A

Q　少人数で行うことは可能ですか？

可能です。まずは3〜4人の少人数で始めてみてワークショップの感触を得ながら、仲間になってくれそうなメンバーを巻き込んでいきましょう。

Q　どのくらいの大人数で一度に実施できますか？

最大で4人×5チームの20人程度で行うことが可能です。ただしその場合は、全体の司会と各チームのファシリテーターを設定しましょう。一つの技術に全員で取り組んでもいいですし、チームごとに別々の技術を題材としてトライしてみるのもいいでしょう。

Q　対面かオンラインか、どちらで行うのがいいですか？

どちらでも可能です。ただ、前述したオンラインホワイトボード「Miro」の活用を推奨しているため、1人1台のPCとWi-Fi環境が必要です。

Q　一度のワークショップでどの程度の時間が必要ですか？

時間配分は自由ですが、最短で3時間〜半日程度あればアイデアの拡張（ステップ2）までは可能です。ステップ5まで完結させるためには、休憩を挟みながら1日かけて行うことを推奨します。

Q　クリエイターが社内にいないのですが、社外の人を混ぜてもよいですか？

問題ありません。むしろ客観性が高くなるメリットがあります。秘密保持契約の締結をお忘れなく。

Q　どんな観点で題材となる技術を選ぶべきですか？

知財管理者や研究者／技術者に、候補となる知財を複数ピックアップしてもらいましょう。その中から「応用性の幅広さ」や「他社とのコラボレーションのしやすさ」などの観点で選定することをお勧めします。

Q　題材となる技術は、ITでも素材でもサービスでも問題ないですか？

技術属性は問いません。どんな技術であれ、その技術を構成する要素と、今後の課題について熟知している担当者が参画してくれるとスムーズです。

ステップ1　分解（なぜの深層理解）

ステップ1の手順	
①	技術の開発担当者からメンバーへ知財の特徴を解説する
②	その技術が「何に使われているのか？」をカードに書き出し波紋状に並べる
③	それが「なぜできるのか？」をカードに書き出し②の外側に並べる

ステップ1のゴール
技術の特性を要素分解し、参加者が機能や仕組みを深く理解することで、バイアスを取り除く準備運動をする。

補足：ステップ1はフェーズ1「妄想ワークショップ」の事前準備にあたるので、技術者／研究者と擦り合わせて前日までに済ませておくことをお勧めする。

　まず実施することは、知財の特徴を参加メンバーに解説することである。技術の開発担当者からの説明となるが、できるだけ分かりやすくするために、箇条書きにしたり、図解したりするのがいいだろう。ポイントは、現在は「何に使われているか」と、それが「なぜできるのか」を書き出すことだ。事例となるNECの「高速カメラ物体認識技術」を以下に示す。

特徴
- 毎秒1000フレームの撮影を可能とする高速シャッターを搭載したカメラ技術
- ピンボケしている画像を選別し、分析対象から排除するAIを搭載
- 高速なだけでなく、高精度で写っているものの状態を分析可能

現在の用途
- 工場の製造ラインで大量に流れるモノの検品作業の高速化
- 大量のスマホからレアメタルを抽出するための判別作業
- ごみ処理工程での素材識別

　さらにかみ砕くと、勢いよく振られたサイコロを撮影してこちらを向いている面の数字が何なのか、ピンボケを排除して瞬時に画像から判断できる、そんな技術だ（**図表3-1**）。

図表3-1　高速カメラ物体認識技術は刻々と移り変わるサイコロの目をも正確に読み取れる技術
出所：NEC

　ここまでの情報で、技術に関する概要を理解することはできるが、いざ発想しようとすると、まだ不安がある。情報が粗く、発想が現在の用途に類似してしまうという不安だ。コーヒー豆をひくとき、粗過ぎると味が薄くなるのと似ている。

　そこでステップ1「分解」では、技術要素を細かく分解し、**図表3-2**のような波紋状の図に配置していく。内側の波紋には「WHAT：何に使われているのか」、外側の波紋には「HOW：なぜできるのか」を記載していく。その際、面積が足らなくなれば波紋は何重にも拡張していく。分解の手順はとてもシンプル、これだけである。

　留意する点は2つある。

　1点目は「できる限り細かく分解してみる」ことである。分解した機能のどこがフックになりアイデアが拡張するか分からないし、一部の機能だけでも突き抜けて伸ばせば、全く新しい活用法が見つかる場合もある。また、新規事業開発のメンバーと研究者・開発者が分解のプロセスを経て相互理解を深めることにも大きな意味がある。

　2点目は「配置やレイヤーを細かく気にし過ぎない」ことである。分解に取り組み始めると「この機能はあの機能と関連するから、横に並べないと変だなあ」と違和感を抱く人もいる。特に研究者

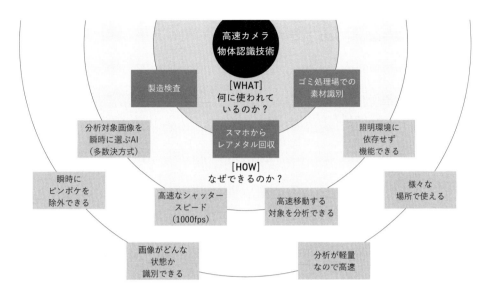

図表3-2　技術要素を細かく分解して波紋状に配置
出所：知財図鑑

や技術者はこの類の気持ち悪さを感じやすい。しかし技術理解において科学的な厳密性を追求し過ぎると、バイアスを強めてしまう逆効果のリスクが高まってしまう。様々な職種のメンバーがテーブルを囲み、新たな発想を得ることが目的なので、多少の違和感は飲み込んでみよう。バイアスの鎖を断ち切るような思いで、レイアウトは思い切ってアバウトにしてみるのもコツの一つである。

妄想ヒント

- このステップでは技術者／研究者にマイクを渡して解説を担当してもらう。
- 技術資料は事前に配布しておいて、当日までに読んできてもらうと理解度が高まる。
- 当日の説明で技術資料を用いてもよい。
- 実用に至っていない「想定用途」もプロットしてOK。
- 専門用語は、なるべく分かりやすく変換しておく（フレームレート→シャッタースピードなど）。
- 「なぜ」の因果関係を厳密に表現することを追求せず、分解した要素をざっくり配置していく。
- Q&Aを通して、新たな「なぜ」が抽出できれば追記していく。
- 体験性のある技術の場合、実物を用意してデモンストレーションすることで理解度が高まる。

ステップ2　拡張（バイアスからの脱却）

ステップ2の手順		
①	「連想法」を用いて個人でアイデア発散（5分間）
②	メンバー全員で話し合いながら類似アイデアをグループでラベリング（10分間）
③	「動詞法」を用いて個人でアイデア発散（5分間）
④	メンバー全員で話し合いながら類似アイデアをグループでラベリング（10分間）
⑤	「リスト法」を用いて個人でアイデア発散（5分間）
⑥	メンバー全員で話し合いながら類似アイデアをグループでラベリング（10分間）
⑦	「連結法」で使うキーテクノロジーをインプット（10分間）
⑧	「連結法」を用いて個人でアイデア発散（5分間）
⑨	メンバー全員で話し合いながら類似アイデアをグループでラベリング（10分間）
⑩	メンバーそれぞれが気になるアイデアの方向性を複数選ぶ（10分間）

ステップ2のゴール
4重（連想法、動詞法、リスト法、連結法）のクリエイティブ・シンキングを積み重ね、バイアスから抜け出しアイデアを量産する。

　ステップ1では技術を分解して「何に使われているのか」「なぜできるのか」を深層理解し、発想の準備運動を行った。既に、やや脳に汗をかき始めているかもしれないが、ステップ2は最もカロリーを消費するパートだ。我々が妄想ワークショップを提供するときは参加者に必ず粒ラムネ（ブドウ糖）を1本ずつ渡しているが、ステップ2で食べ切ってしまう方も多い。発想法を4重に積み重ねて、一気にアイデアを量産するからである。

　世の中には様々なクリエイティブな発想法が存在するが、DUAL-CASTの妄想ワークショップでは**図表3-3**の4つの発想法を順番に行っていくことで、アイデアを拡張していく。

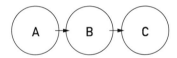

連想法

技術を産業に当てはめてみる

機能と既存用途を起点として瞬発的に
連想を繰り返す。

動詞法

技術 × 動詞でシーンを想像する

様々な動詞を技術に掛け合わせて
身近な生活から発想する。

リスト法

ブレストの古典からヒントを得る

「オズボーンのチェックリスト」に
当てはめて発想する。

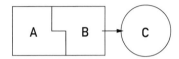

連結法

別分野の技術と組み合わせる

未来にインパクトを与える
キーテクノロジーから発想する。

図表3-3　ステップ2で使う4種の発想法
出所：知財図鑑

　これらの発想法はKonelと知財図鑑のメンバーが日常的に使う中で、「既存技術の拡張」に相性が良いと判断したものだ。発想法を小刻みに切り替えていくことで、脳のチャンネルを強制的に切り替え、さながらゲーム感覚でグループワークを進めることができる。4〜6人前後でグループとなり、個人でのアイデア記入を5分、グループでのラベリング作業を10分、合計15分のセッションを4ラウンド行うと、ゆうに100を超えるアイデアの切り口が各グループから生み出されるはずだ。

　では引き続き「高速カメラ物体認識技術」をお題に、実際に出てきたアイデアの切り口を交えながらそれぞれの発想法について詳しく紹介していこう。

連想法

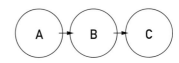

技術を産業に当てはめてみる

WHAT（既存用途）とHOW（機能）を起点として
新しい用途アイデアの瞬発的な連想を繰り返す。

　1ラウンド目の発想法が「連想法」だ。これはその名の通り、「これができるなら、あれもできるのでは？」と連想をつなげていく最もベーシックな思考法だ。昔懐かしいマジカルバナナというゲームの要領で気軽に取り組んでほしい。ステップ1で分解した技術がそれぞれ進化したら、10年後／50年後／100年後にどのようなことができそうか、垂直的に連想してみるものいいだろう。また、現在の用途とは全く違う他分野の産業領域にひも付けて連想してみるのも有効だ。

　知財図鑑では産業を20のジャンルに分けて知財をカテゴライズしている。「高速カメラ物体認識技術」は本来であれば「製造業・メーカー」に分類される知財だが、全くこれまで接点のなかった産業に当てはめたときにどんなシナジーが起こるか、そんな視点で連想してみると妄想が広がりやすいだろう。

POINT　現在～数十年後に技術がどの産業でマッチする可能性があるか想像してみよう。

生活・文化	アート・エンターテインメント	医療・福祉	教育・人材	メディア・コミュニケーション
製造業・メーカー	環境・エネルギー	✓ 旅行・観光	流通・モビリティー	住宅・不動産・建築
食品・飲料	スポーツ	IT・通信	農業・林業・水産業	官公庁・自治体
航空・宇宙	AI	ロボティクス	資源・マテリアル	金融・保険

（「連想法」で出たアイデアの切り口）　「高速カメラ物体認識技術」の場合

紙のテスト用紙の高速採点	野菜や果物の等級を瞬時に仕分け	人流測定からストレスを数値化	スポーツの審判を自動化
医療画像から異常なものをフラグ	自動でごみを仕分けするスマートごみ箱	海底に設置して定点観測	✓ 景色の美しさを識別
養殖場の稚魚を分類	公園の遊具の不調をアラート	流れ星や衛星の追跡	乗り物の窓から風景を連続撮影
家具のわずかなズレで空き巣を検知	車のナンバープレートを高速撮影	野鳥や絶滅危惧種を追跡	ロボットが海や森のごみを発見
コンビニ客の目線をトラッキング	ペットの違和感を察知	バッティングフォームの確認	リアルタイムかつ高速な水質検査

（⊙PICK UP）

機能　　　　画像がどんな状態か識別できる
↓
（連想法）　　「旅行・観光」での活用をイメージ
↓
アイデアの切り口　景色の美しさを識別する

動詞法

技術 × 動詞でシーンを想像する

思いつく動詞を技術に掛け算し、
身近なシチュエーションを想像しながら有効な用途を探る。

　連想法で温まった脳をもう一段加速させていくのが「動詞法」だ。この発想法も至ってシンプルな仕組みで、「食べる」「寝る」「見る」など大量に並ぶ動詞から、生活者が行動する具体的なシチュエーションを思い浮かべ、技術が介入できる場面を反射的に思いついていく。事前にある程度の数の動詞を書いたカードを用意しておくとスムーズだが、思考がペースダウンしてきたら新たな動詞をどんどん書き足すと、思考が再回転するのでぜひ試してほしい。ビジネスや商品になるかはいったん度外視して、技術がハマる動詞をゲーム感覚でどんどん見つけていき、アイデアを引き寄せよう。

POINT　個人ワークの前にチームで思いつく限りの動詞を出し合ってみよう。

食べる	寝る	見る	探す	着る	伝える	住む
読む	書く	気づく	守る	話す	隠す	呼ぶ
捨てる	飲む	急ぐ	歌う	笑う	怒る	起きる
通う	働く	歩く	乗る	喜ぶ	贈る	聴く
なでる	鍛える	学ぶ	✓ 思い出す	悩む	飼う	売る
集める	離れる	溶かす	鳴らす	選ぶ	遊ぶ	貸す
・・・	・・・	・・・	・・・	・・・	・・・	・・・

「動詞法」で出たアイデアの切り口　「高速カメラ物体認識技術」の場合

ドローンに搭載して保護動物を追跡（追う）	投球フォームの微細な違いをチェック（投げる）	ポイ捨て防止の監視システム（捨てる）	最高のビール泡のシズル写真をつくり出す（飲む）
✓ 生活の中でお気に入りの場面を記録し振り返る（思い出す）	挙手や多数決の高速認識（数える）	愛想笑いかどうかを表情で検知（笑う）	目視が困難な生物の飼育（飼う）
舞台の観客のリアクションを数値化（観る）	ギターの運指を高速カメラで解析（学ぶ）	同じような服装と行動の人々をマッチング（集まる）	赤ちゃんが泣いた瞬間を察知（泣く）
動きや表情から空調・空間を自動調節（気づく）	唇の動きから言葉を読む（読む）	製品の完成までの履歴を超透明化（知る）	自分の消費行動をリアルタイムに監視（買う）
学校の行き帰りの出来事を記録する自動日記（通う）	周囲の違和感を察知して事故や危険を予知（防ぐ）	大量の米から超特選米をプレミアム販売（食べる）	目線から会話に飽きていないかを検知（話す）

⊘ PICK UP

機能　　　　分析対象画像を瞬時に選ぶAI（多数決方式）

↓

 動詞法　「思い出す」から発想

↓

アイデアの切り口　日常生活で記録した大量の写真からお気に入りの場面を振り返る

ステップ2　拡張（バイアスからの脱却）

リスト法

変更　拡大　縮小
代用　置換　逆転

ブレストの古典からヒントを得る

「オズボーンのチェックリスト」と技術を照らし合わせ、
改良や応用のパターンを拡張していく。

　ブレインストーミング、いわゆる「ブレスト」は、会議における「複数人での案出し」でビジネスに限らず、多くの人が日常的に実践している。そのブレストの発案者であり名付け親であるアレキサンダー F. オズボーン氏が編み出した著名な発想法に「オズボーンのチェックリスト」がある。これは発想を誘発させる9項目のチェックリストをあらかじめ用意し、それらにお題となるテーマを当てはめていくことでアイデアを展開していく手法だ。

　オズボーンのチェックリストは9項目あるが、妄想ワークショップでは技術から発想がしやすい6つの項目に絞っている。この手法は、0→1で新しいアイデアを創造するというより、今既にあるモノを改良したり応用したりすることに秀でたアプローチなので、既に2つの発想法を経て脳に枯渇の気配が漂ってくるこのタイミングで行うのが効果的だろう。

POINT　技術によっては相性がハマりにくい項目もあるので、6項目すべてを満たすことに固執しないようにしよう。

①変更：一部分を変えてみたら？	色・形・音・意味・動き・匂いなど、ある側面を変えてみる。
②拡大：大きくしてみたら？	大きさ・長さ・高さを拡大する、種類・頻度を増やしてみる。
③縮小：小さくしてみたら？	より小さく、軽く、短くする、一部分を無くしてみる。
④代用：他のもので代用してみたら？	類似する他の素材・場所・アプローチ・人物で代用してみる。
⑤置換：入れ替えてみたら？	要素・順序・配列・位置・因果を置き換えてみる。
⑥逆転：逆にしてみたら？	上下・左右・順序・効果を正反対にしてみる。

「「リスト法」で出たアイデアの切り口」 「高速カメラ物体認識技術」の場合

トンボの複眼の ようなカメラ（拡大）	なりすましやフェイク 情報を見抜く（代用）	常に自分を撮影すること で行動をアーカイブ （逆転）	スポーツの試合会場に 360度設置（拡大）
連続撮影画像を使った 自動パラパラ漫画 （代用）	小型化させて人体の 内部を監視（縮小）	画像をナンバリング してコレクション化 （代用）	魚や動物の目線で 群れの行動視点を 研究（置換）
大量の人物画像から 似た者同士を フィルタリング（代用）	⊘ カメラ自体を 高速移動させてみる （逆転）	唇の動きから高精度に テキストを生成 （変更）	高速カメラを 8ミリフィルムに 置き換えて撮影（置換）
焦点が合わないボケ、 ブレを意図的に 生み出す装置（逆転）	海中に大量に設置し マイクロプラスチック を追跡（拡大）	地球の裏側の画像データ が相互にやり取りされる SNS（拡大）	限られた条件下でしか 発動しないタイムカプセル カメラ（縮小）
画像データから行動を 学習するクローン人間 （代用）	道路を走る車の わずかなズレから 事故を予想（変更）	ピアノの指遣いを 美しくするための トレーニング（置換）	動きや行動から幸福度を 可視化する スマートシティー（拡大）

⊘ PICK UP

機能 高速移動する対象を分析できる
↓
リスト法 「逆転」で発想
↓
アイデアの切り口 撮影者が高速で自由に動いても対象を分析できるカメラ

連結法

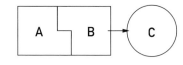

別分野の技術と組み合わせる

未来の社会にインパクトを与えるキーテクノロジーを組み合わせ、
脱・自前主義で発想する。

いよいよ最後の発想法にたどり着いた。ここまでくると、会場からエナジードリンクをプシュッと開ける音がよく聞こえてくる。最後に取り組むのは「連結法」による発想だ。まずは知財図鑑がWeb上で随時アップデートを行っている「キーテクノロジー」を10分程度の時間をかけて、全員で目を通すことから始める。あらかじめヒントになりそうなキーテクノロジーをプリントアウトして配布しておいたり、プロジェクターを使いながら司会者が読み上げていくのも有効だ。チームにとってやりやすい方法を選択してほしい。

キーテクノロジーとは、将来において産業の垣根をまたいで普及することが予想される技術であり、自社でこれらの技術開発を行っていなくても活用できる可能性が高い。自社の技術だけで事業をつくっていく「自前主義」から脱却し、成長スピードの速い未来事業をつくるために「連結法」は重要な役割を果たしてくれる。

POINT　パートナー企業や関連企業が応用性の高い技術を保有していれば、キーテクノロジーの一覧に追加してみよう。

アバター	ドローン	NFT	VR	マテリアルズ・イン フォマティクス（MI）	連合学習
3Dプリンター	AIエッジコン ピューティング	IoTライフ データ高度利用	高精度測位	自動運転 Lv5	遠隔診療
生活支援 ロボットシステム	✓ スマート グラス	エア モビリティー	セキュリティー ロボット	パーソナライズ フード	感情解析
リアルタイム 翻訳	3D映像 ディスプレー	能力測定	バーチャル触覚	フレキシブル エレクトロニクス	デジタル クローン
ブレイン・マシン・ インターフェース	人工冬眠	超小型人工衛星	月面農場	クリーン エネルギー	マイクロ ロボット

知財図鑑のサイトに詳しく掲載している。ぜひ活用してほしい。

「連結法」で出たアイデアの切り口　「高速カメラ物体認識技術」の場合

幼児や高齢者の 24時間見守りロボット	表情から情報を レコメンドしてくれる スマートミラー	人が入り込めない場所を 点検する マイクロロボット	テキストをカメラで 追うだけで自動翻訳
✓ スマートグラスに搭載 して日々の生活を 位置情報と共に記録	NFTで唯一無二の 画像を大量出品	脳波から生成された 画像をリアルタイム で投影	超小型人工衛星に 搭載して マーケティングに活用
嘘や動揺を見抜く 感情解析システム	走れば走るほど風景を 撮影し学習する 自動運転車	セキュリティーロボット が不審な動きを追跡	スポーツの決定的瞬間を 撮影して3Dデータ化
身体の異常を 日常生活から察知する IoTデバイス	エアモビリティーに 実装して飛行写真を収集	自身を360度撮影して 高精度アバターを生成	画像データから立体を 生み出しVRで体感
ハプティクス技術で 思い出の写真に触れる	患部の大量撮影データを 利用した遠隔医療	大量の街の画像データ からつくられた 高精度3D地図	子供の動きから最も 適性があるスポーツを マッチング

⊘ PICK UP

機能　軽量なので分析が高速

↓

 連結法　「スマートグラス」から発想

↓

アイデアの切り口　スマートグラスに搭載して日々の生活を位置情報と共に記録

グループワーク

　ここまでステップ2を一気に説明したが、実際の妄想ワークショップでは、個人ワーク（アイデア記入）とグループワーク（ラベリング）を繰り返し行う（**図表3-4**）。本書では説明の便宜上、グループワークによるラベリング例をここでまとめて紹介する。

　4重にも及ぶ発想を経て、1チームで100を超える切り口が生まれているはずだ。多いときは300を超えることもある。各発想法の個人ワークの後に、切り口をつないだり、重ね合わせたりすることにより、アイデアを統合・発展させるグループワークを行う。膨大に出たアイデアは他のメンバーと発想がかぶっていたり似ていたりするものも多いはずだ。それらに対して、「モビリティー系」「AI・感情解析方向」「人体への可能性」など切り口同士をつなぐ共通項となりそうなラベルワードをつくり、まとめられそうな切り口のカードを集めていく。この作業中に思いついたアイデアがあれば、もちろん追加してOKだ。

アイデアの発展

　ラベリングによって複数の切り口がまとめられると、新たに発想が生まれることがある。その時は迷わず追記をしてほしい。「高速カメラ物体認識技術」の例では、スマートグラスの周りに配置された切り口を統合することで「生活の中で美しいシーンを記録して思い出させてくれるスマートグラス」という、具体的なアイデアが発展によって生まれた。

　すべての切り口を一つずつ取り上げていくと、膨大な時間を要してしまうため、ステップ2のヒントとして、お勧めの方法を列挙しておく。

妄想ヒント

- ファシリテーターがざっくりと分類し、固まりをつくってラベルをつける。
- チーム内の対話を円滑化させるために、まずはファシリテーターが気になったアイデアを3つ取り上げて発案者に意図をヒアリングする。
- 次に各メンバーがそれぞれ気になる他人のアイデアについて質問を行うサイクルを1周させる。
- 自分のアイデアとつなげられそうな発想があれば提案する。
- 前の発想法で出たアイデアと組み合わせて発展させることも意識する。

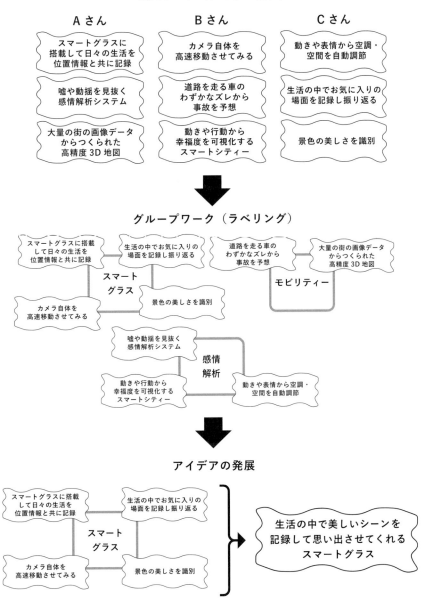

図表3-4　ステップ2は個人ワークとグループワークを繰り返す
出所：知財図鑑

ステップ3　収束（未来視点の獲得）

ステップ3の手順		
①	本書もしくは知財図鑑の Web サイトにある「未来イシュー」カード一覧を読む（10分間）
②	「未来イシュー」と親和性があるアイデアを個人でピックアップする（5分間）
③	「誰の」「どんなニーズに」「何を提供」するかを個人で考え事業のタネを生み出す（15分間）
④	③で生まれた「事業のタネ」にメンバー全員で投票する（10分間）

ステップ3のゴール
未来イシューとの相性をフィルターとして、取り組むべきアイデアを絞り込む。

　さて、ここまでのステップでは技術の用途を拡張し、アイデアの切り口を大量に発散することを目的としてきた。ここからは徐々にアイデアを絞る収束のフェーズに入っていく。

　DUAL-CASTでは、「未来イシュー」と呼んでいるカードを用いて収束していく。「未来イシュー」とは、知財ハンターが日々最先端の知財に触れたり、社会課題の解決に取り組むイノベーターたちとの対話を繰り返したりしていく中で蓄積した、未来に起こるであろう時代の変化や進化を「予報」したカードだ。

知財図鑑サイトに掲載されている未来イシューの一覧
https://chizaizukan.com/mirai-issue

どんな産業進化にも、その隣にはイシュー（課題・論点）がある。例えばこんな感じだ。

「AIがすべての知的労働や意思決定を担ってくれる」
「コミュニケーションは仮想空間で完結する」
「すべての人間関係はストレスなく高度にマッチングされる」

これらのイシューを聞くと、便利そうでワクワクする気持ちがある一方で、やや不安な気持ちも感じるのではないだろうか。ある人にとってはポジティブな未来でも、立場や見方を変えればそれはネガティブな未来にもなる。

このステップの目的は「未来社会のイシューに適応するアイデア」を見つけ出すことにある。膨大に出たアイデアをイシューと引き合わせ、これから起こり得る未来に対して発展・解決の糸口になる事業のタネをふるいにかけていく。

まずは、次のページから用意した20の産業分野における未来イシューの一覧に目を通してもらいたい。各イシューには「CHANCE（ワクワクする未来）」を2つ、「PINCH（不安になる未来）」を2つ、計4つをピックアップして挙げている。ここで示した未来イシューは、既にその兆候が見られるものからクリエイターが想像を飛躍させているものまで様々。実現の確度より、いかに妄想が底上げされるか、アイデアを固めていくヒントとなるかを重視している。

チーム全員で目を通し、ピンとくる未来イシューがあれば、その都度ピックアップしてアイデアの切り口に重ねていこう。もちろんここでも、カードを眺めていく中で、思いついた未来イシューやさらなるアイデアがあれば追記してOKだ。

未来イシュー

 AI

CHANCE

── ISSUE ──
人のデジタルツイン

生体データ・SNSデータをAIに連携することで、人の性格が再現されたデジタルツインが生まれる。自己の分身としてデジタルツインを活用するだけでなく、死後もコミュニケーションや意思決定が可能となる。

── ISSUE ──
人の成長を促すAI

AIが人間の才能や能力を最大化させ、成長へ誘う存在に。継続的な習熟が求められる学業だけでなく、刻々と心身の状況が変わっていくスポーツでも、成長速度を把握してリアルタイムに最適なトレーニング法をAIが提案する。

PINCH

── ISSUE ──
スコア社会の到来

人の行動がAIにより監視・点数化され、仕事や学校など自身の評価にフィードバックされる。業績が公正に可視化される一方で、人々のリスクやミスへの寛容さが失われる。均一化された評価指標の中で、個性が埋没していく。

── ISSUE ──
AIによる意思決定

政治から企業経営まで、組織にとっての重要な意思決定をAIが合理的に導き出す。外交や企業の競争においては、優秀な人材への投資よりも、AIエンジンの精度を高めるための設備投資が優先されるケースが増える。

ロボティクス

─── ISSUE ───
デジタル技能伝承

動作のデータ化が進むことで職人の繊細な手仕事に代表される属人的な技能もロボットが再現できるようになる。また、6Gの到来により、工芸から医療に至るまで様々な分野でロボットのリアルタイム遠隔操作が普及する。

─── ISSUE ───
人間の筋力拡張

人工筋肉が自然な形で生活に介入し、人をサポートすることで、着用者は自尊心を失わずに健康な生活を維持できる。衣服のように軽いロボットスーツやパーソナライズされた筋電装置が日常生活やリハビリを補助する。

─── ISSUE ───
ヒューマノイドの責任

人間らしい動きや表情が追求されたヒューマノイドが社会進出する。一方で、ヒューマノイドがミスを犯した際の責任の所在が複雑化するため、記録デバイスの重要性や法的根拠の整理が強く求められる。

─── ISSUE ───
ロボットへの心的依存

持ち主の性格や感情に適応してくれるロボットは最高の話し相手となり、家族・恋人として付き合う文化が根付く。一方で寄り添うロボットの登場により他人との交流が途絶え、コミュニティーに属さず孤立する人が増える。

未来イシュー

 ## 金融・保険

CHANCE

ISSUE

子供金融サービス

個人情報や経歴が電子的にランク管理されることで、人の「信用」が可視化される。これにより年齢や国籍などの制約で金融サービスを受けられなかった子供や外国人も、信用に応じた取引を行うことが可能となり、お金の流通が適切に加速する。

ISSUE

トークンエコノミーによる
資産のデジタル化

ブロックチェーン技術に基づいたトークンが普及し、法定通貨以外にも、株式・美術品・身分証明書など、あらゆる価値を持ったものがデジタル上の資産に変換される。デジタル資産が大衆化することで、様々な分野における事業参入障壁が低くなる。

PINCH

ISSUE

キャッシュレスにより
失われる金銭感覚

キャッシュレス化が生活のスタンダードとなることで、実存するお金をやりとりしている「会計」の体感が希薄化する。便利になる一方で、常識的な金銭感覚を養えないまま大人になるデジタル世代の債務者が生まれる。

ISSUE

年金に頼れない高齢労働者

年金制度の機能が弱体化する中、健康寿命は延びていくため、公的給付金に依存しない資産形成・ファイナンシャルプラン設計が重要になる。また、高齢労働が激増し、それに伴う保険サービスの強化が求められる。

生活・文化

— ISSUE —

新しい家族の形

ジェンダーを超越したパートナーシップが公的に成立し、新しい家族の形態が増える。住居やコミュニティーに対しても流動やシェアの概念が広がり、制度に縛られない共同生活や子育ての形が生まれる。

— ISSUE —

多次元保存される伝統文化

3Dスキャン技術が汎用化し、香りや味覚などの情報もデータ化される未来においては、あらゆる空間・物体・体験は多次元保存される。属人的であった伝統文化もデジタル空間に残すことができ、世代を超えて共有可能となる。

PINCH

— ISSUE —

危機管理能力の欠落

デジタル化・超安全化された社会では物理的なリスクに直面する機会が激減するため、人間の危機管理能力が低下する。自然現象を肌で感じる機会は減っていき、本物の火の危なさが分からない世代が生まれる。

— ISSUE —

コミュニティーの分断

コミュニケーションを取りやすい人物が周囲に集まるアルゴリズムがより精緻化され、思想や哲学でコミュニティーの分断が進む。価値観が近い者同士での心地よさは増すが、他のコミュニティーに対する配慮が不足し対立が生まれやすくなる。

ステップ3　収束（未来視点の獲得）

未来イシュー

住宅・不動産・建築

CHANCE

ISSUE

3Dプリント建築

建築基準の法整備が行われ、3Dプリンターで低コスト・高スピードに住宅や巨大建造物を造れるようになる。重機や大量の資材を持ち込みにくい極地や宇宙空間においても、ロボットが無人で3Dプリント建築を行う。

ISSUE

洋上建築の拡大

建築技術の発展、エアモビリティーの普及、中央的なインフラからの脱却により、人は洋上にも居住できるようになる。一方で、人間の活動圏が広がることによる生態系への影響や災害リスクのマネジメントが課題となる。

PINCH

ISSUE

メタバース不動産

メタバース空間で不動産が売買されることが一般化する。経年劣化しないメリットもあるが、仮想通貨のレート変動などに影響を受けやすいため、資産としてのボラティリティーが高く、マネジメントにスキルを要する。

ISSUE

気候変動による住宅難民

気候変動による台風や洪水、干ばつの影響で、故郷や住む場所を失う人々が世界的に増加する。難民が増える一方で安全な陸地の住環境は後退していき、インフラの整った住みやすい土地の価値は高騰していく。

((φ)) IT・通信

CHANCE

— ISSUE —

人体のデバイス化

個人情報が搭載されたICチップや身体埋め込み型のセンシングデバイスをはじめ、人間の身体には様々な機械が埋め込まれ、人体そのものが通信デバイスになる。身体のデジタル化が常識となった、真のデジタルネイティブ世代が誕生する。

— ISSUE —

充電からの解放

無線給電の技術が実用化される。それにより、街中や建物の中において半永久的に取り外さないことを前提に作られるデバイスが増加する。太陽光や屋内光による発電の微弱電流で機能する、ウエアラブルデバイスも実用化される。

PINCH

— ISSUE —

リテラシーの分断

膨大な情報や技術がデジタルに接続される社会において、情報弱者と情報強者の分断はより激しくなる。十分な通信環境とデバイスが与えられ、IT教育が受けられない人では目指すこともできない高度な職能が生まれる。

— ISSUE —

情報の自己責任化

Web3が浸透することで大手プラットフォーマーに一方的に個人情報、趣味趣向、行動履歴は抜かれなくなる。しかし、デジタルにまつわる事故や被害の自己責任の度合いが高まり、個人がセキュリティーに対して行う投資額も高まる。

未来イシュー

 ## アート・エンターテインメント

CHANCE

ISSUE

自律分散型コンテンツ

Web3の潮流が加速し、コンテンツは一人のクリエイターが作り上げるだけのものではなく、ファンによるコミュニティー内で自律分散的に生み出される。コンテンツに所属しているメンバーによって運営の意思決定が行われる。

ISSUE

リアル×バーチャルの同期

物理的な会場とメタバース会場が同期することで常識を超えた体験が生まれる。人々はアバターの姿でイベント会場に集まり、MR（複合現実）デバイスにより五感のすべてがエンターテインメントを楽しむ器官として接続される。

PINCH

ISSUE

AIクリエイターの氾濫

AIやロボットが個性を持ったクリエイターとして、デザイン・絵画・映像・物語をつくり出す。誰でも簡易に高クオリティーの作品が生み出せるようになる一方で、個性を発揮して活躍できる人間のクリエイターは一握りとなる。

ISSUE

感受性の受け身化

個人の好みにパーソナライズされたコンテンツが自動生成される未来では、ユーザーが自分の意思で偶発的にコンテンツを選ぶことは難しくなる。無意識のうちに、AIにより感性が操作されてしまうリスクが高まる。

スポーツ

---- ISSUE ----

他者へのジャックインプレー

身体的な経験値はデータベース化され、XR技術やハプティクス技術の向上により、一流アスリートの視点と動きを誰もが追体験できるようになる。身体を動かす担当と、遠隔地から戦略を立てる担当がコンビを成すようなスポーツが登場する。

---- ISSUE ----

eSportsの国際競技化

eSports市場は仮想通貨を介して拡大し、健常者・障害者が垣根を越えて試合を行う。メタバースを会場としてスポーツの世界大会が行われ、観客もプレーヤーも場所を選ばずにアバターの姿で参加できるようになる。

---- ISSUE ----

能力測定による進路レコメンド

センシングによりけがやアクシデントが予測される一方で、行き過ぎた能力測定により自身の向き不向きが早期に判別される。取り組むべきスポーツが適正データのランクで限定されてしまい、努力の芽を摘んでしまう。

---- ISSUE ----

運動能力格差

仕事・学校のオンライン化やモビリティーのスマート化により子供から大人までの全世代の平均身体能力は低下していく。一方で、データドリブンな最先端トレーニングを選択できる一部の人々も生まれ、世代ごとの運動能力の差は広がっていく。

未来イシュー

 メディア・コミュニケーション

CHANCE

ISSUE

アバターによる多人格主義

複数のアバターを乗り換えながら暮らす「多人格主義者」が多数現れる。自分がセレクトした特性を反映させた好みのアバターを使い分け、生身の自分の代わりに恋愛をしたり、複数の職業を兼務したりすることができる。

ISSUE

脳で直接生産

ブレーン・マシン・インターフェース（BMI）の普及により「考えるだけ」でデバイスの操作や意思表示が可能となる。運動時や睡眠時も何かを生み出すことができるようになり、生産性が飛躍的に向上する。身体にハンデがある人の社会進出を促す。

PINCH

ISSUE

フィルターバブルの加速

レコメンドの精度は上がり続け、受け取るすべての情報がパーソナライズされる。偶発的に新たな情報やコンテンツに出合う機会が激減し、知らず知らずのうちに偏った思想や情報に傾倒してしまうようになる。

ISSUE

ディープフェイクによる虚構横行

フェイクニュースを作成できる技術の高度化は止まらず、映像や画像、個人の発言もごく自然に捏造される。正確性を確かめるためのコストが高くなり、日常的な情報精査の能力が全世代に強く求められる。

医療・福祉

—— ISSUE ——

遠隔医療マッチング

オンラインによる遠隔医療の普及により、住む場所に左右されることなく医者と患者の最適なマッチングが実現する。また、医者と患者のアバター同士がデータに基づいた診療を進めることで、効率的な人的コミュニケーションが可能となる。

—— ISSUE ——

パーソナルフードプリント

個人の生体データから導き出されたスーパーフードが誕生する。3Dフードプリンターなどの次世代調理ツールと組み合わせることで、毎食最適な健康食が手に入る。健康維持だけでなく、味の品質を保つことがビジネスに求められる。

PINCH

—— ISSUE ——

長寿時代の生きがい欠如

老化の抑制・臓器交換・脳と機械の融合により人間の寿命は超長期化する。健康であることに加え、生きがいを維持するための工夫が強く求められる。生きがいの欠如は、自殺者を増加させるリスクにつながる。

—— ISSUE ——

生体データが流通する

センシング技術が高度化し、生体データは常時クラウドにアップロードされる。新たなビジネスが生まれていく一方で、脳波情報の取引など「身体データを人に売る」ことに対する法整備やセキュリティー対策、次世代の倫理観が求められる。

ステップ3　収束（未来視点の獲得）

未来イシュー

 ## 官公庁・自治体

CHANCE

—— ISSUE ——

本籍からの解放

個人認証のDX化により本籍から人は解放され、真のノマドが国民の権利として認められる。シェアリングのサービスが拡充し、固定した居住地やモノを持つ必要がなくなることで、既存の考え方に縛られない生き方が当たり前になる。

—— ISSUE ——

デジタル・シビックプライド

リアルな住民のほかにアバターの姿で暮らす「デジタル住民」が誕生し、メタバースにおけるシビックプライド（街への愛着、誇り）が生まれる。デジタルヒューマンにも人間同様の権利や義務が与えられる。

PINCH

—— ISSUE ——

街のスコア化

住民の健康状態やメンタリティーが統合管理でき、街全体のコンディションが可視化できるようになる。街の政策に生かせる一方で、監視と街の全国ランク化が常態化するため、住民のウェルビーイングをキープするための工夫が求められる。

—— ISSUE ——

ライフログによる過去の透明化

議員選挙の際に、有権者は立候補者の「ライフログ」を参照することが一般化する。過去の仕事や行動の履歴がすべて参照されるため実績が透明化される一方で、一度の失敗・失言を許容しにくい風潮が高まる。

教育・人材

―― ISSUE ――

リモートワークの民主化

五感がオンラインに接続されることで、身体ハンデや年齢に左右されることなく、どこにいても世界中に働きに行けるようになる。ロボットの遠隔操作が大衆化することで、知的労働だけでなく身体的労働もリモートワーク化される。

―― ISSUE ――

パーソナルAIチューター

すべての生徒に個別のAIチューターがサポートに入り、生徒のレベルや習得速度に応じた学習が提供される。授業の形態や先生の役割はAIと兼ね合うようになり、学校と塾の二重学習に求められる内容も変化していく。

―― ISSUE ――

帰属意識の低下

バーチャルオフィスやテレワークによって企業や学校という物理的なコミュニティーの意義が失われ、人々は業務的なつながりでしかコミュニケーションを取らなくなる。放課後や仕事終わりの雑談文化はメタバースに移行されていく。

―― ISSUE ――

過度な進路マッチング

AIによる高度マッチングにより人間関係のストレスを抱えずに生きられる社会へ。一方で、人気が低いマイノリティーな職場や学校は選別され、マッチングに適合できない人は居場所を見つけられなくなり自尊心を失う。

ステップ3　収束（未来視点の獲得）

未来イシュー

 ## 航空・宇宙

ISSUE

宇宙実験の民主化

宇宙飛行や衛星への作業発注がポピュラーになり宇宙空間が壮大な実験場となる。他業種の民間企業やクリエイターでも、スペースポートやロケットなどの設備を持つ宇宙施設に簡易に・安価にプロジェクトを発注することができる。

ISSUE

月面農法の輸入

宇宙での食生活を豊かにするための生産技術が、地球のサステナビリティーに貢献する。植物工場や培養肉生産装置の効率化など、月面基地での閉鎖空間の食料生産技術が、資源枯渇した地球でも応用される。

ISSUE

宇宙福祉リソース

宇宙空間に誰もが長期滞在できるようになることで、筋力や骨の退化など宇宙ならではの心身の健康被害が出てくる。地球の重力で生活できる体を取り戻すための、福祉リソースとリハビリ設備が宇宙に必要となる。

ISSUE

スペースデブリ問題

世界中の企業が続々と宇宙ビジネスに進出することで、使用済み衛星などの「スペースデブリ（宇宙ごみ）」が宇宙空間に大量に増える。宇宙の事故や環境問題が深刻化し、宇宙ごみ回収ビジネスが発展する。

資源・マテリアル

--- ISSUE ---

資源として価値を持つごみ

ごみはリサイクルされるだけではなく、必要とする企業や業者に「資源」として売ることができたり、ポイントに還元できたりするようになる。街の中に誰もがごみを価値化することができる設備やシステムが拡充される。

--- ISSUE ---

木材のバイオマス化

間伐材など山間地域の未利用な木材資源がバイオマスエネルギーとして発電などに有効活用される。廃棄された木材は溶解して紙・糸・固形物など多様なプロダクトに変換できるようになり、里山地域の経済が活性化される。

--- ISSUE ---

世界的な水不足

気候変動や人口増加による水の使用量増加により、世界各地で深刻な水不足が訪れる。地球上の海水をろ過し、飲用水や生活水として利用できる水処理システムや、限りある水資源を循環するシステムが求められる。

--- ISSUE ---

法による素材の制限

使い捨てプラスチックの販売・使用は規制され、企業やメーカーには代替製品として持続可能な素材による商品開発が求められる。サステナブルでありながら、従来と同様の使い勝手やクオリティが新商品には必須となる。

未来イシュー

 環境・エネルギー

CHANCE

ISSUE

オフグリッドシティーが確立

再生エネルギーの生産効率が上がることで、オフグリッド（自給自足）シティーが実現する。蓄電と発電の技術が発達して中央集権的な発電から独立することで、今まで暮らせなかったエリアも居住範囲となる。

ISSUE

バイオロギング

小型記録装置を動物の体に直接取り付け追跡することで、動物の行動・生理学について詳しく調べることが可能となる。海面や海中が住居の選択肢となる未来の人類にとっても重要なデータとなり、生物総動員で地球が分析される。

PINCH

ISSUE

人命に関わる異常気象

異常気象により、熱中症による死亡数は増加、台風や洪水の発生数も増加の一途をたどる。高精度の天候予測は可能となるが、通信環境の悪い過疎地域の高齢者にも情報を届けるための避難システムの構築が急務となる。

ISSUE

消費行動の制限

カーボンオフセットによるクレジットの売買が企業だけでなく個人レベルで普及する。地球温暖化が喫緊の問題となり、あらゆる経済活動に対して環境負荷の度合いが可視化され、法により人々の消費行動は制限される。

食品・飲料

―― ISSUE ――
味覚のデジタル化

物を食べなくても舌に電気信号を与えることによって、指定された「味」を感じることが可能となる。VRと味覚デバイスにより疑似的に食べたいものが食べられる体験が可能となり、食のエンターテインメント性と選択肢が拡充する。

―― ISSUE ――
フードプリンター料理

３Ｄフードプリンターで出力できる食品素材のバリエーションが増え、再現技術が進化する。人々はレシピデータをオンラインで購入して、家庭のフードプリンターに入力することで料理が簡単・高速で出力できるようになる。

―― ISSUE ――
たんぱく質クライシス

気候変動と人口増加が進んでいくことで、肉などによるたんぱく質の需要と供給のバランスが崩れていく。環境を圧迫する畜産はこれ以上拡大することができず、植物性代替肉や培養肉、昆虫食など次世代の食糧生産が求められる。

―― ISSUE ――
生命への想像力の欠如

食糧生産の人為化で動物の存在を身近に感じられない子供たちが増えてくる。口にしているものの由来・トレーサビリティーが不明瞭になり、アニマルウェルフェア（動物福祉）への想像力が希薄になる。

未来イシュー

 ## 製造業・メーカー

CHANCE

--- ISSUE ---

工場のスマート化

個別の要求に合わせた製品を量産するスマート工場が普及する。大規模な工場ラインによる大量生産・大量廃棄は必要なくなり、プロダクトのデータを販売して家庭用の3Dプリンターで出力することも可能となる。

--- ISSUE ---

AIがつくるヒット製品

消費者の購買データや好みの潜在意識を基に、AIが最適な商品と生産ラインを導き出す。需要に最適化された製品のみが作られるため大量生産は不要となり、ロスが生まれずサステナブルな経営が可能となる。

PINCH

--- ISSUE ---

工場の空洞化

製造業はデジタル化し、オンラインによる生産と販売が主になることで、維持費が必要な大量生産型の工場は過去の遺産となる。スマート化される一方で、雇用の最適化、スペース・設備の再活用が企業に求められる。

--- ISSUE ---

現物コレクションは
ダウントレンド

人々はブランド品をNFTなどのデジタルデータで所有するようになる。大量にコレクションするサステナブルではない消費行動がダウントレンドとなり、それに代替するカルチャーがバーチャルに転嫁される。

農業・林業・水産業

───── ISSUE ─────

全天候対応の都市農業

IoT化された栽培キットにより自宅でも多種多様な野菜や果物を育てることが可能になる。また、都市部の高層建築で作物を育てる「高層農業」（垂直農業）が盛んになり、気候や地域に左右されない新しい農作方法が確立される。

───── ISSUE ─────

一次産業の二毛作化

「農場兼発電施設」「養殖場兼住居」など、時間や時期によって一次産業のエリアを別の用途として転換して活用するケースが増えていく。地域の職種が多様化されることで雇用が生まれ、経済と人流が活性化する。

───── ISSUE ─────

農地面積の圧迫

人口増加による世界的な食料難がトレンドになる中、沿岸部の塩害が激しさを増し、農地面積は圧迫される。地球温暖化により従来の農法が困難になる地域は拡大し、絶滅して食べられなくなる作物や食文化が増える。

───── ISSUE ─────

属人化による担い手不足

慢性的な一次産業の担い手不足により、その地域ならではの作物を得るノウハウが若い世代に引き継がれずに消失する。一次産業への参入ハードルを下げる制度や、先人のスキルを保存・継承するシステムが求められる。

未来イシュー

 ## 流通・モビリティー

─── ISSUE ───

自動運転レベル5

完全な自動運転が実現し、走行エリアの限定がなくなり運転はすべてシステムが担当する。ドライバーが不要になるだけではなく、車内デザインの自由度が格段に増すことで、車内の過ごし方の価値観が変わる。

─── ISSUE ───

マイクロモビリティーの拡充

小回りが効くマイクロモビリティーのシェアリングサービスが拡充することで、街の人流が活性化する。マイカーを持つ必要がなくなるため移動コストが下がり、公共交通機関と連動することで移動はよりシームレスに完結する。

─── ISSUE ───

AIによる事故の責任

地上・空中を自動運転モビリティーが行き交いアクセスの自由度は上がるが、プロトコルが違う車種同士の事故の責任問題やトラブルシューティングの法整備が必要となる。外部からのハッキングに対策するセキュリティーも求められる。

─── ISSUE ───

エアモビリティーの一般化

空飛ぶ自家用車が実用化され、移動の選択肢が増える。一方で、天候の影響を受けやすいことによる安全性や、騒音・景観の問題など、人が住む街の上空を自由に行き交うためには社会的受容のハードルが課題となる。

旅行・観光

CHANCE

--- ISSUE ---

アバターロボット旅行

世界各地の観光名所に設置されたアバターロボットに視覚を接続し、ハプティクスデバイスで触覚を再現することで自宅に居ながら旅行できるようになる。自由に体が動かせない高齢者や病人でも旅行を楽しむことが可能となる。

--- ISSUE ---

メタバース観光地

現実世界ではなく仮想空間のみに存在する観光スポットが生まれる。人々はVRゴーグルやハプティクスデバイスを用いてその観光地を体験する。現実では存在し得ない絶景スポットを生み出すことができる。

PINCH

--- ISSUE ---

リアル観光地の衰退

産業発展と気候変動により自然環境は汚染され、従来の風景や観光資源が激減・消失する。オンラインによるエンタメ体験が拡充され、メタバース上で観光体験が完結してしまうことにより、現実世界の観光業が衰退する。

--- ISSUE ---

オーバーツーリズム

歴史のある美しい景観が減少していくことで、特定の観光地に訪問客が過密する。環境破壊や渋滞、騒音など、地域住民の生活にマイナスな影響をもたらす。主要観光地周辺の認知度を高めるなど、分散化のマーケティングが求められる。

ステップ3　収束（未来視点の獲得）

アイデアの切り口と未来イシューをマッチングさせる

　未来イシューに目を通していると、「このイシューはこのアイデアの切り口と相性がいいのでは？」とピンとくるものがいくつかあったはずだ。例えば、「フィルターバブルの加速」という未来イシュー。レコメンドエンジンの精度は上がる一方で、受け取るすべての情報がパーソナライズされ、現実世界における思わぬ出合いや発見はなくなっていくのではないか、というピンチに関する洞察だ。この未来イシューと相性の良さそうなアイデアを探してみると、「生活の中で美しいシーンを記録して思い出させてくれるスマートグラス」というものが思い当たる。ちょうど一つ前のステップで複数の切り口から発展させたアイデアだ。このように、ワークショップシートの未来イシューの上に、相性の良さそうなアイデアをひも付けていこう。

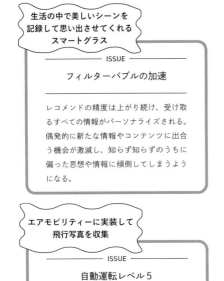

生活の中で美しいシーンを記録して思い出させてくれるスマートグラス

—— ISSUE ——

フィルターバブルの加速

レコメンドの精度は上がり続け、受け取るすべての情報がパーソナライズされる。偶発的に新たな情報やコンテンツに出合う機会が激減し、知らず知らずのうちに偏った思想や情報に傾倒してしまうようになる。

唇の動きだけで言葉を読む

—— ISSUE ——

人体のデバイス化

個人情報が搭載されたICチップや身体埋め込み型のセンシングデバイスをはじめ、人間の身体には様々な機械が埋め込まれ、人体そのものが通信デバイスになる。身体のデジタル化が常識となった、真のデジタルネイティブ世代が誕生する。

エアモビリティーに実装して飛行写真を収集

—— ISSUE ——

自動運転レベル5

完全な自動運転が実現し、走行エリアの限定がなくなり運転はすべてシステムが担当する。ドライバーが不要になるだけではなく、車内デザインの自由度が格段に増すことで、車の過ごし方の価値観が変わる。

人々の動きや表情からストレスを数値化

—— ISSUE ——

街のスコア化

住民の健康状態やメンタリティーが統合管理でき、街全体のコンディションが可視化できるようになる。街の政策に生かせる一方で、監視と街の全国ランク化が常態化するため、心的なウェルビーイングをキープするための工夫が求められる。

図表3-5　イシューと合うアイデアの切り口を選出
出所：知財図鑑

　量産した単発的なアイデアの切り口を、予想される未来の需要や課題に照らし合わせると、そのアイデアの奥行きや価値の輪郭が見えてくる。グループで話し合いながら、「未来イシュー」と引かれ合うアイデアの切り口を複数選出していこう（**図表3-5**）。

ニーズを言語化し「事業のタネ」をつくる

　ここからは未来イシューとの相性でピックアップされたアイデアを、さらにブラッシュアップして言語化していく。短いセンテンスだったアイデアの切り口に、「誰の」「どんなニーズに対して」「何を提供するのか？」を想像して価値を肉付けしていこう。

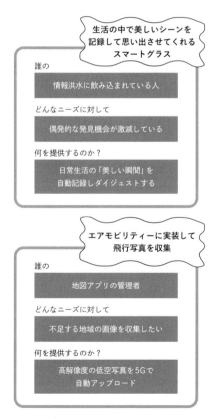
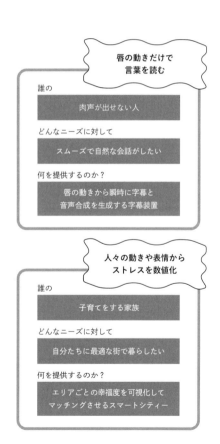

図表3-6　アウトプットをイメージする
出所：知財図鑑

　未来イシューが示す課題を解決したり、産業の進化を促進したりするためにはどのようなアウトプットが考えられるかをイメージすることで、価値の具体化を進める。ペルソナ設定と言われるとマーケティングの専門スキルに思えてしまうかもしれないが、これはあくまでワークショップ内でアイデアの実装イメージを共有するためのもの。気負わず、身近なシチュエーションで考えてみよう（図表3-6）。

3つの評価軸で投票する

　アイデアの切り口から「事業のタネ」が出来上がったら、今度はグループでの投票でさらに収束させていく。ここまでのワークを終えて、それぞれでお気に入りの案や事業の可能性を感じる案が出てきているはず。**3つの評価軸のシールを3枚ずつ、1人計9枚のシール**を持って、気に入った事業に投票していこう。

[1] モチベーション：自分が事業担当者になりたい
[2] 新規性　　　　：先行する競合企業がいない・少ない
[3] 事業性　　　　：収益を生み出す構造が想像できる

　この段階で話し合いを設けず、個人の率直な感性で投票しよう（図表3-7、図表3-8）。

妄想ヒント

- アイデアは、「機能」「デバイス」「サービス」など様々な粒度が混在しているが、きれいに粒度を合わせることにこだわらず、イシューとのひも付け作業を行おう。
- この時点で粗い粒度であっても、最終的には事業の様相が見えるレベルに磨かれるので安心してほしい。
- 一つのアイデアが複数の「未来イシュー」と関連することもある。
- 「未来イシュー」は誰かのチャンスであり、ほかの誰かにとってはピンチでもあることも多い。
- 「事業のタネ」は身近な人の悩みや会社の課題を思い浮かべると想像しやすい。絞り出したアイデアから具体的なサービスや製品の輪郭が見えてくる瞬間だ。
- 投票は気軽に行い、ここまでのワークショップを振り返って楽しくディスカッションしよう。

＝モチベーション（自分が事業担当者になりたい）

 ＝新規性（先行する競合企業がいない・少ない）

 ＝事業性（収益を生み出す構造が想像できる）

図表3-7　3つの評価軸
出所：知財図鑑

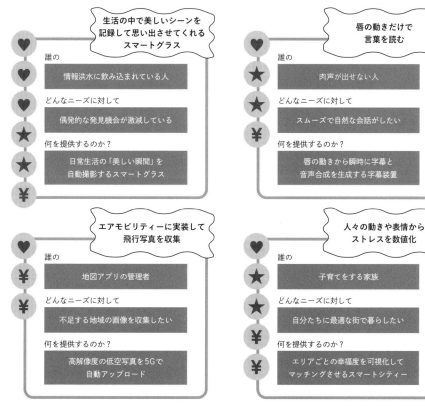

図表3-8　3つの評価軸で投票する
出所：知財図鑑

ステップ4　整合（納得性の強化）

| ① | 2つの軸（「企業ビジョン」「検証難易度」）で示される4象限でアイデアを分類（30分間） |

自社が取り組むべき未来事業の方向を選択する。

　いよいよアイデアの収束の最終段階に入っていく。この段階まで残ったアイデアは「事業のタネ」になっている。それを**図表3-9**の4象限のマトリクスに落とし込んでいくことで、アイデアを分類し、未来事業のタネとしてふさわしいアイデアかどうかを評価していく。この作業は、技術の担当者と新規事業担当者を含むグループで話し合いながら行うのが好ましく、経営企画担当者や経営層が加わってくるとさらに本質的な議論に発展しやすい。

　マトリクスの縦軸は「**検証難易度**」である。アイデアの実証実験を行ったりプロトタイプを作ったりする際、すぐにでも着手できそうか、それとも実現のためのリソースやコストの壁が高そうかを示した軸だ。縦軸の上〈実験コスト低〉に配置されるアイデアは、社内で機運が高まればすぐにでも検証に移ることができるため、実現への一歩目が近いという意味で魅力的だ。縦軸の下〈実験コスト高〉に配置されるアイデアが悪いというかというと、全くそうではなく、むしろ自社のリソースだけでは実験に着手できない場合、自前主義を脱却して社外のコラボレーターを積極的に巻き込んでいける可能性があるアイデアといえる。また、「実験の難易度が高い」とつっこまれてしまった理由の一つひとつをひもといていき、何を解消すれば実現できるのか？というディスカッションにつなげていくのも建設的だ。アイデアとして描かれているすべての範囲を実験することは難しくても、その一部分だけを抽出してプロトタイプをつくる判断を行うのも有効だ。

　マトリクスの横軸は「**企業ビジョン**」である。右側は整合レベルが高く、左側は低い。企業全体の理念やパーパスなどから参照してみるものよし、チームごとの目標としているビジョンに当てはめてみるのもいいだろう。

「企業ビジョン」「検証難易度」で４象限されたマトリクスに
ここまでに残った事業アイデアをマトリクスしてみる。

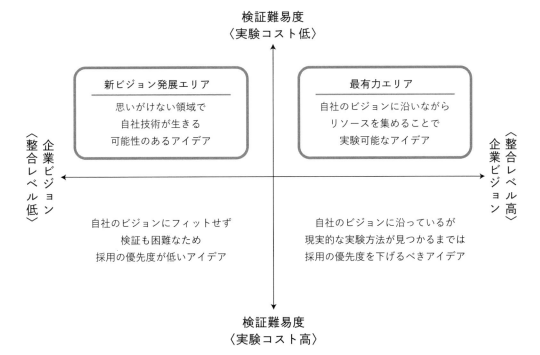

図表3-9　新規事業としてふさわしいアイデアかどうかを評価する４象限マトリクス
出所：知財図鑑

　事例として挙げている「高速カメラ物体認識技術」の場合、NECプロジェクトチームのビジョンは「エクスペリエンスネット」である。それは、インターネットが浸透した現代の情報を主としたコミュニケーションの限界を超えて、「体験・文脈（コンテキスト）へのアクセシビリティー」を高めて共有することであらゆる分断を克服し、意思共鳴してつながる新しい共生を目指す、というものだ。このビジョンの実現にクリティカルであると言えるものは右に、関連が低そうなものは左にプロットしてみた（**図表3-10**）。

　このとき、右上にマップされた「事業のタネ」は、自社のビジョンに沿いながら検証難易度も現実的であり、最有力のアイデアといえるだろう。一方、左上にマップされた「事業のタネ」は、現

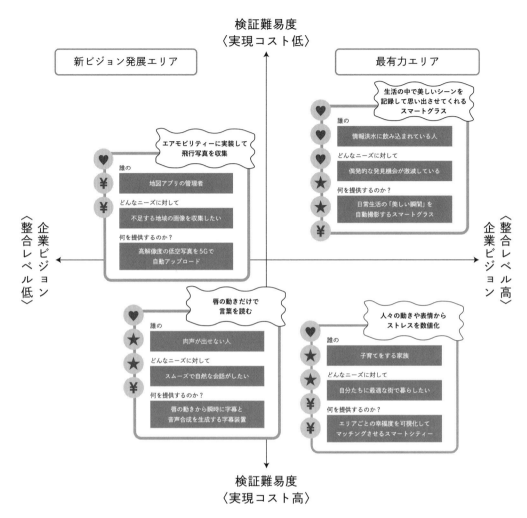

図表3-10　4象限にマッピングした例（「高速カメラ物体認識技術」の場合）
出所：知財図鑑

状の企業ビジョンには合致しないが、実証する価値はあるアイデアと言える。これは思いがけない領域で自社技術が生きる可能性を示唆するものであり、ビジョンそのものを発展させられる可能性があるアイデアだ。

　このように、右上に配置された「事業のタネ」以外はふるい落とすことが目的ではなく、それぞれの持つポテンシャルを可視化して、発信する場所やタイミングの相性を導き出すことがこのステップの目的だ。

　「高速カメラ物体認識技術」を用いたNECのワークショップでは、「日常生活の美しい瞬間を自動撮影するスマートグラス」というアイデアが、投票においても整合評価においても注目を集める結果となった。ここからは収束されたアイデアを「言語化された妄想」に仕上げていこう。

妄想ヒント

- 投票のポイントが高いものが、必ずしも最適なポジションに来るとは限らない。企業理念とそぐわないアイデアは自社で進めるべきかどうか見極める必要がある。
- 自社のビジョンと整合性が低いものでも、未来イシューへの適合度が高く、かつ実験可能であれば試す価値がある。現在のビジョン自体を発展させられる可能性があるからだ。
- アイデアの市場規模や事業化までのスピード感、競合サービスなどを頭に描きながら客観的に協議してみよう。

ステップ5　予言（リアリティーの向上）

ステップ5の手順	
①	収束させた「事業のタネ」を一人ひとつずつ選ぶ（5分間）
②	架空の「未来リリース」を記述する（20分間）
③	メンバー全員で未来リリースを発表する（20分間）

ステップ5のゴール
将来発信されるであろう「未来事業のプレスリリース」を広報担当者の目線で記述する。

「事業のタネ」をもう一段リアリティーのあるものに磨き上げていくために、架空のプレスリリースを記述してみるステップを設けている。

　未来イシューと企業ビジョンを照らし合わせて整合評価された事業のタネは、きっとモチベーションにあふれるものになっているはずだ。この事業のタネをできるだけ解像度の高い妄想に仕上げていくために、可能な限り具体的なプレスリリースを書いてみてほしい。製品名・サービス名・発表時期・共創する他社名・実験する地域など、具体性を高めるための情報を惜しみなく記載してみよう。あくまで架空のリリースであり、外部に対して公表するものではないので、自由に風呂敷を広げて結構だ。

　ここでは、NECとの妄想ワークショップで最有力と整合評価された「日常生活の美しい瞬間を自動撮影するスマートグラス」という事業のタネから生まれた未来リリースを見てほしい。

【PRESS RELEASE】
NEC、日常の美しさを切り取るメガネ「SHUTTER Glass（シャッターグラス）」を発売
〜情報洪水社会におけるフィルターバブルからの脱却を支援〜

202X年X月X日

日本電気株式会社（以下、NEC）は、日常の美しさを切り取るメガネ「SHUTTER Glass（シャッターグラス）」を発売する。SHUTTER Glassは、ドライブレコーダーのように人の視界がすべて記録される未来においてAIが「美しい」と判定する生活シーンを抽出し、身近にある自然の美しさや他者の行動や、身の回りの変化に自分で気づくためのきっかけを提供するスマートゴーグルだ。

1日の活動を終え、帰宅後にSHUTTER Glassを充電ポートに置くと、視界に入っていたその日の美しいシーンをダイジェストで壁に投影する機能を搭載している。

情報洪水社会においては、レコメンドエンジンの精度は著しく向上し、あらゆる情報がパーソナライズされることで、フィルターバブルと呼ばれる情報摂取の偏りが課題視されている。SHUTTER Glassの使用を通して、気づいていなかった日常の美しさを認識し、視野を広げる人が増えることを目指している。

今月中旬より全国5カ所のポップアップストアで体験会を開催する。また、ファーストモデルの価格は6万円（税別）を予定しており、来月上旬から専用ECサイトで販売を始める。

なお、SHUTTER GlassにはNECが研究開発してきた「高速カメラ物体認識技術」が採用されており、移動し続ける人間の視界情報を高精度で記録することを実現している。美しさの発見精度をさらに高めるために、人々の感性を評価するAI技術との融合を展望しており、共創パートナーの募集も開始している。

　「SHUTTER Glass」という架空の製品名と機能や価格、販売方法への言及が添えられたことで、妄想の解像度がグッと上がったのではないだろうか。

ステップ5　予言（リアリティーの向上）

　現実さながらの書き振りで未来リリースを書いていくことで、チーム内での意識が高いレベルで擦り合わせられ、プロジェクトへのモチベーションも向上する。さらに、自社のスキルだけでは賄えないことが浮き彫りになり、共創パートナーの像が具体化する作用も得られる。

　未来リリースは1枚のPDFにまとめることもできる、コンパクトな分量であるため社内での共有にも適している。部内のミーティングでシェアしたり、経営層にメールで送って反応を探ってみるのもよい。これまで重厚長大な企画書でも容易に許可されなかったネクストステップへのGOサインが未来リリースをきっかけに獲得できるかもしれない。

　これが、フェーズ1「妄想ワークショップ」の集大成だ。

　厚みのあるワークショップだが、ここまででForecastの山は8合目まで登ってきているので、チームの機運を高めてフェーズ2「可視化」の入り口に立ってほしい。

妄想ヒント

- プレスリリースは専門的な文書でもあるため、慣れないと筆が進みにくい場合があるが、体裁は気にせず下書きをする感覚で、内容を重視して書き進めてもらいたい。
- この段階で、広報担当者をチームに巻き込むことができると、より精度の高い記述が期待できる。ワークショップへの参加が難しい場合、清書を広報担当者に依頼するのも得策だ。
- 広報未経験者であっても、記載がしやすいようにいくつか未来リリースの代表的な「型」を簡易的に紹介する。事業のタネにフィットしやすい型を選んで書き進めてほしい。

1. サービス開始型
2. 実証実験開始型
3. コラボレーション発表型
4. 共創パートナー募集型

1. サービス開始型

前述の SHUTTER Glass の例が該当する。

2. 実証実験開始型

音声合成を搭載したNECの介護ロボット「Assis（アシス）」が誕生
～有料老人ホームで実証実験開始～

202X年X月X日

NECは、NEOケアサービス株式会社が運営する介護付き有料老人ホームに、NECの介護ロボット「Assis（アシス）」を試験導入した。Assis（アシス）にはNECの独自技術である「高速カメラ物体認識技術」を用いており、介護者の表情、行動を日常的にログ化、異変や不調を24時間体制で見守る。また、発話が困難な介護者の唇の動きをセンシングし、音声合成をリアルタイムに当てることにより、円滑なコミュニケーションを実現する。NECは翌年以降の製品化を予定。人とロボットが介護周辺業務を分業することで、介護スタッフの業務負荷軽減を目指す。

●ベースとなった事業のタネ

3. コラボレーション発表型

NECがGlegleストリートビューと業務提携
〜エアモビリティーにおける３Dマップの拡充へ〜

202X年X月X日

NECは、大手検索エンジン企業 Glegleが主導するエアモビリティー向けの３Dマップ「G Sky Map」の実現へ向けて業務提携いたしました。NECは、独自AIの分析能力を持つ「高速カメラ物体認識技術」をGlegleへ提供。この技術を搭載したドローン・カメラと地図アプリを自動同期することで、大量撮影された街の低空写真が全てログ化されます。今後普及が予想されるエアモビリティーの交通整備とナビゲーションに貢献します。

●ベースとなった事業のタネ

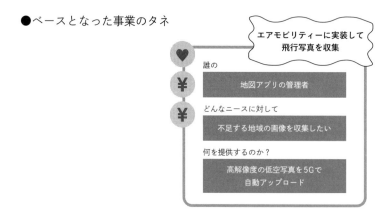

4. 共創パートナー募集型

NECが幸福度を可視化するスマートシティーの実現に向けプロジェクトを開始
～幅広く共創パートナーを募集～

202X年X月X日

大阪府大阪市とNECは2025年の大阪・関西万博に向け、NECの掲げるエクスペリエンスネットを基盤としたスマートシティー「NEC Smart Happiness City」を推進します。このスマートシティーはNECの「高速カメラ物体認識技術」を応用し、住民の人流・表情・行動から快適度を可視化し、AIと人の共存を目指す世界初の最先端センシング・シティーです。推進にあたってNECは、住民のプライバシーを守りながら街全体のウェルビーイングを高精度で可視化するという本プロジェクトの実現のため、実証実験や共同研究を実施するIT企業・研究所・団体を募集します。

●ベースとなった事業のタネ

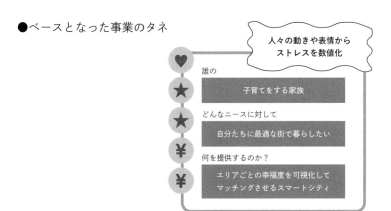

人々の動きや表情から
ストレスを数値化

誰の
子育てをする家族

どんなニーズに対して
自分たちに最適な街で暮らしたい

何を提供するのか？
エリアごとの幸福度を可視化して
マッチングさせるスマートシティ

【注】未来リリースの記載内容や登場する社名などは架空であり、事実ではありません。

CHAPTER

4

DUAL-CAST
フェーズ2
可視化

フェーズ1　妄想ワークショップ

フェーズ2　可視化

フェーズ3　発信

フェーズ4　プロトタイピング

フェーズ5　検証

可視化の概要	
INPUT	妄想が言語化された「未来リリース」
OUTPUT	可視化された「妄想プロジェクト」
完了条件	瞬間的に未来のワクワク感を伝達するための「妄想」が解像度高く可視化される
想定期間	1.5カ月
推奨参加メンバー	新規事業部門／クリエイター

可視化の手順		
①		「未来リリース」をチームや社内で共有
②		反応の良かった未来リリースをピックアップ
③		②の具体的な利用シーンやペルソナを設定する
④		クリエイターが未来事業をイラスト化する

妄想の「可視化」

　妄想ワークショップを経て、今あなたの手元には、いくつかの事業のタネを言語化した未来リリースがあるはずだ。次は「妄想の可視化」にステップを進め、イメージの解像度を上げ、社内や世の中に発信していこう。

　妄想を可視化して発信することのメリットは、CHAPTER 2の「妄想プロジェクト」の紹介で書いた通りである。すべてのアイデアを事業に推し進めようとするには重厚長大な労力がかかるが、イラストであれば比較的少ないカロリーで手軽に発信することができる。こちらも繰り返しになるが、妄想をイラスト化する時に重要なのは「瞬時的な状況伝達スピード」「ワクワクできる未来感」「つっこまれビリティー」の3点である。この三拍子がそろった状態で提示すると、共感も批判も含め、意見をくれる人が見つかりやすい。

　DUAL-CASTのフェーズ1を終えて「**高速カメラ物体認識技術**」が「SHUTTER Glass」に発展したケースを基に、可視化の具体例を示そう。SHUTTER Glassのプロジェクトチームでは、イラスト化する前に未来リリースにおいて次の文章に着目した。

　「SHUTTER Glassは、ドライブレコーダーのように人の視界がすべて記録される未来においてAIが美しいと判定する生活シーンを抽出し、身近にある自然の美しさや他者の行動、身の回りの変化に自分で気づくためのきっかけを提供する。」

　まず、この妄想の魅力を一目で伝えるにはどんなシチュエーションが適しているのかを考える。SHUTTER Glassの場合、「スマートグラスをかけて風景を撮っている様子」ではなく、「撮影した画像をユーザーが見返している様子」のほうが適していると判断した。SHUTTER Glassのアイデアは、「過度な情報洪水により偶発的な出合いが激減している」というフィルターバブルを懸念した未来イシューにひも付いている。そこで、高度にインターネットが発達し切った未来を想定し、イラストのシチュエーションを「**2050年ごろの東京**」「**社会人一人暮らしの多忙な20代女性の部屋**」「**仕事終わり20時ごろの帰宅時**」「**スマートグラスで撮影したログ画像を振り返っている**」と設定した。

　大まかな構図や舞台設定が決定できたら、徐々に細部を詰めていく。スマートグラス本体のデ

ザインや質感、表示されるディスプレーのユーザーインターフェース、窓の外の風景まで細かく設定し、妄想のリアリティーを洗練させていく。そうして、初期のラフスケッチから段階を踏んで完成させていった（**図表4-1**）。

可視化された妄想プロジェクトは、社内で事業アイデアの承認を推し進めるための武器として活用できるだけでなく、自社の公式サイトや公式SNS、外部メディアに掲載して注目や共感を集めるための装置として有効活用できる。

保有する技術の解説とPRだけでなく、その技術が可能にするかもしれない未来の妄想をセットで発信することで、そこに興味を持つ企業やユーザー、共創パートナーを引き寄せる北極星として機能するのだ。可視化された妄想は、「具現」に進むための強力な呼び水となる。

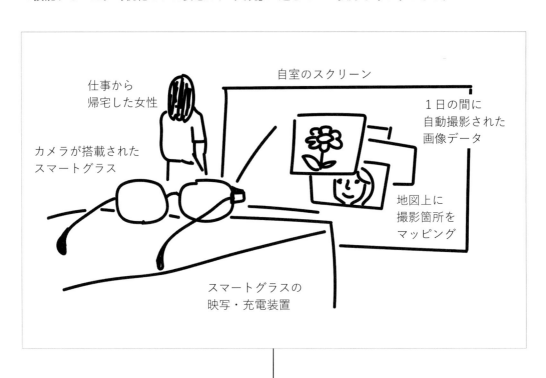

自室のスクリーン

仕事から
帰宅した女性

1日の間に
自動撮影された
画像データ

カメラが搭載された
スマートグラス

地図上に
撮影箇所を
マッピング

スマートグラスの
映写・充電装置

図表4-1　SHUTTER Glassの妄想イラストが完成するまでの変遷。完成版はCHAPTER 2の妄想26に掲載
出所：知財図鑑

　事例として示した「SHUTTER Glass」の妄想プロジェクトは、知財図鑑の公式サイトで公開した。2021年の2月のことである。その時点からこの妄想は世に解き放たれ、人々の目に触れ、結果として2022年4月、1年と少しの月日を経て体験可能なプロトタイプが披露されることとなった。次のCHAPTERからは、妄想を妄想で終わらせず、体験可能なプロトタイプへと昇華させるための「具現：Backcast」について話を進めよう。

妄想ヒント

- 可視化の過程では、様々な視点を混ぜるために、できるだけ部署を横断してメンバーから意見を募ろう。
- 想定されるユーザーに近い生活者からフィードバックを得ることも有効だ。
- もしプロジェクトチームに可視化できる人材がいない場合は、思い切って他部署や社外のクリエイターに協力を仰いでみよう。

知財図鑑に掲載された「SHUTTER Glass」の記事はこちら
https://chizaizukan.com/property/213

CHAPTER

5

DUAL-CAST
フェーズ3
発信

フェーズ1 妄想ワークショップ

フェーズ2 可視化

フェーズ3 発信

フェーズ4 プロトタイピング

フェーズ5 検証

発信の概要	
INPUT	可視化された「妄想プロジェクト」
OUTPUT	「妄想プロジェクト」のメディア掲載・SNS発信
完了条件	可視化された妄想が社内外に発信され注目を集める
想定期間	掲載日以降は恒常的に発信
推奨参加メンバー	新規事業部門／広報・宣伝部門／クリエイター

発信の手順	
①	可視化した「妄想プロジェクト」をチームや社内で共有
②	自社メディアへの「妄想プロジェクト」の掲載
③	外部メディアへの「妄想プロジェクト」の掲載
④	プレスリリースとして発信
⑤	カンファレンスやイベントへの登壇・発表

可視化された妄想の発信

　可視化した妄想をプロジェクトチームの中で共有するだけでは未来事業は生まれない。DUAL-CASTで発想される妄想は、近視眼的な制約から解放され、未来のキーテクノロジーの活用を想定している。自社以外の様々なプレーヤーとのコラボレーションを意識しているからこそ、注目と共感の渦を巻き起こすための「発信」が重要となる。

　発信の方法は様々ある（**図表5-1**）。実施カロリーが低いものから順に記載するので、自社の活動と照らし合わせながらイメージを膨らませてほしい。

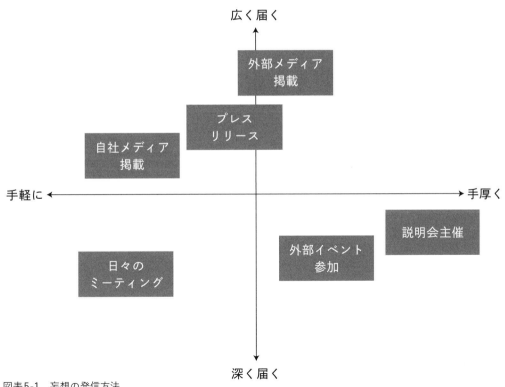

図表5-1　妄想の発信方法
出所：知財図鑑

日々のミーティング

　説明が不要なほど原始的だが、侮れないのが「日々のミーティング」である。

　「あ、奇遇ですね！私もこんなアイデアを思いついていました……」

　ミーティング中に話が脱線し、各自が温めていたアイデアを語り始めるようなシーンはよくある。しかし、その流れで会議室全体のアジェンダを妄想の話題に切り替えることは難しい。アイデアはよくても「本気度」が伝わらないと事は進まない。

　そんな場面で、解像度の高い妄想ビジュアルが1枚提示されると、全く異なるリアクションが起こりやすい。

　「え、本当にこんなこと大真面目に考えているんですか？！」

　そんな調子で話が広がっていくのが、可視化された妄想の強みだ。

　本気度が伝わるという側面では、企画書を説明する方法もあるが、起承転結のあるプレゼンテーションは伝える側も聞く側も一定の時間を割く必要があるだけでなく、未来像が正しく伝わらず曖昧な状態に陥ることがよくある。企画書を使う場合でも、冒頭に可視化された妄想を挿入しておくことをお勧めする。

　また、話の流れが巡ってくるのをただ待っている必要はない。可視化された妄想は、アイスブレイクに最適だ。打ち合わせの冒頭1分間であなたの描く未来を提示してみよう。これを繰り返していくと、思いの外、早く共感者が見つかるし、おまけに妄想をプレゼンする能力が格段に磨かれるという副次的な効果が得られる。ZoomやTeamsの自分の背景に妄想イラストを設定するだけでも、つっこんでくれる人は多いだろう。「私たちの技術の説明を聞いてください！」と話し始めるのはおっくうだが、「こんな未来があったら良くないですか？」という切り口は、たいてい受け入れられる。

自社メディア掲載

　自社メディアへの掲載は、比較的難度が低い打ち手だ。あなたの企業ではどんな自社メディアを持っているだろうか？

- コーポレートサイト
- サービスサイト／プロダクトサイト
- メールマガジン
- ブログ
- Twitter / Facebook / Instagram / LinkedIn などのSNS
- ポッドキャスト
- 採用サイト
- 会報誌 / アニュアルレポート
- 年賀状 / クリスマスカード
- 中期経営計画書 / IR報告書
- 会社案内パンフレット
- 名刺

　企業ごとのローカルルールによって掲載しやすいメディアは異なってくるだろうが、探してみると思ったより妄想を発信できる場所は多いはずだ。発信できる枠は多いに越したことはないので、ぜひ可視化した妄想を部署横断して共有し、プロジェクトに巻き込んでいこう。

プレスリリース

　自社メディアでの発信が一つでもかなえば、プレスリリースを発表できる可能性が見えてくる。ぜひ可視化された妄想を手に、広報部門のドアをノックしてみてほしい。フェーズ1「妄想ワークショップ」で既にアウトプットした「未来リリース」と「可視化された妄想」を基に話を始めると目線が合いやすく、建設的な議論が進められるだろう。

　ただ、妄想を発表するだけでは企業のプレスリリースとしてリスキーだと感じられるケースもあるため、具体的なアクションを伴うような設計をすることが肝要だ。

アクション例：
- 共創パートナーを募る
- 投資を募る
- 実験に参加してくれるモニターを募る
- 実験を受け入れてくれる自治体を募る
  etc.

　どのようなアクションを打ち出すと、プロジェクトが前進しやすいのか、よく検討しながらプレスリリースの内容を練ってみてほしい。

　だがしかし、プレスリリースとなると石橋をたたきたくなるのも企業のさがだ。「実現性が担保されていない内容では発信にリスクがあるのでは？」とくぎを刺されそうになったら、「妄想」というマジックワードの下、「脱自前主義」や「つっこまれビリティー」の大切さについて協議をしてみることをお勧めする。また「ニュースリリース」や「お知らせ」というタイトルであれば発出できるというケースもあるので、広報部門と綿密に相談を重ねてみよう。

外部メディア掲載

　さらに幅広くターゲットに届く方法として、外部メディアへの掲載は有効である。ビジネス系Webメディアから業界専門誌まで、幅広いメディアが存在しているので、宣伝部やマーケティング部にお勧めのメディアを尋ねてみてほしい。普段から付き合いのあるメディアから買っている年間の広告枠を活用して、妄想を発信できるというラッキーな事態もあり得ない話ではない。

　一般的に外部メディアでビジネスの未来像を語るには、インタビュー形式の記事広告にすることが多いが、ここでも可視化された妄想が生かされる。百聞は一見にしかず。優秀なライターが丁寧な言葉でつづってくれる原稿に加え、1枚の絵が読者からの共感を深いものにしてくれる。

　手前みそではあるが、知財図鑑は創業当初から妄想を主軸に、企業のビジョンとテクノロジーを伝えることに特化してメディアの構造をつくってきている。CHAPTER 2で紹介したような妄想を含め、企業からのオファーを基に掲載している記事広告も読者から人気を集めているので、参考にしてみてほしい。

外部イベント参加

　大型のカンファレンスから、小型の交流会まで、ビジネスのためのイベントは年中開催されている。あなたの企業が定期的に参加しているイベントがないか、社内でリサーチしてみて、イベント担当者に可視化された妄想を見せてみよう。案外イベント担当者は「次のネタ」に困っているかもしれない。

　また、自社メディアやプレスリリース、外部メディアで発信をしていると、外部イベントの方から登壇の依頼が来ることも少なくない。登壇は連鎖を生むこともあるので、チャンスが到来した際にはイベントの大小を問わず、妄想を思い切り発信してみよう。

説明会主催

　未来事業の妄想をテーマに、自社主催で説明会を行うことも効果的だ。また自社単独での開催にこだわらず、社外からゲストを招いて幅広い未来について語らうことも有効だ。イベントの構成は様々だが、具体的なイメージが湧くように、知財図鑑でイベント企画・運営を行ったパナソニックの事例を通して詳細を説明する。

説明会事例「未来実装パートナーを求める7つの知財 (Panasonic)」

　パナソニックが注力する研究開発の成果から、これからの社会への貢献度が高いと見込まれる7つの知財を「ハント」し、それらを基に7つの未来を妄想した。技術者や研究者でなく、未来事業開発の担当者をターゲットとするために「技術」ではなく「未来像」を中心に訴求し、無償イベントとして集客した。発信してすぐに満席となり、限定100社のモチベーションの高い参加者が集まってくれた。

　イベントは前後半の2部で構成された。前半は社外ゲストを招き7つの妄想を基に未来の可能性を拡張するトークショー、後半は知財部門の担当者から未来の妄想を導く手段となる技術解説とした。参加者の興味度を自然に引き上げていくために「未来像（目的）→技術（手段）」の順に構成することを推奨する（**図表5-2**）。

図表5-2　パナソニック × 知財図鑑 「未来実装パートナーを求める7つの知財」 イベントの様子
出所：知財図鑑

　イベントには、可視化された妄想に少なからず共感した参加者が集まるため、より共創へとつながりやすいようにツールを用意しておくことも有効だ。パナソニックとの取り組みでは、参加者から参加者の社内に波及しやすいように「LIGHTS」というスペシャルマガジンを制作した（**図表5-3**）。紙面では技術が導く未来を描くだけでなく、研究者の人柄に迫るインタビューコンテンツも掲載し、知財図鑑のWebメディア上でも同時発信することで、幅広い層からリアクションを得ることができた。

　イベントには様々な業種の企業から参加者が集まり、複数社とプロジェクト化に向けた秘密保持契約を締結する結果が導かれた。しっかりと準備を行い適切に集客することで、一度に多くの共創パートナーの候補とつながることができるので、妄想に対する社内での機運が高まってきたら、ぜひチャレンジしてみてほしい。

図表5-3　パナソニックと知財図鑑が編集・制作した12ページの知財マガジン「LIGHTS」
出所：知財図鑑

具現化したNECの妄想「SHUTTER Glass」

　これまで妄想（Forecast）の各フェーズで取り上げたNECの「SHUTTER Glass」は、丁寧に発信のステップを踏んでいき、結果として妄想が具現を引き寄せるDUAL-CASTの理想を体現するような事例となった。以降の具現（Backcast）のフェーズでも、引き続きSHUTTER Glassの事例を通して要点を押さえていく。

　まず、可視化された妄想を手にしたNECのプロジェクトメンバーは、多面的で継続的な発信アクションに同時に取り組んだ。一つは「自社メディア掲載」（**図表5-4**）。5つの技術から導かれた5つの未来の妄想をNECの**公式サイトで掲載**した。オンラインに公開されることでプロジェクトメンバーに社内外から直接問い合わせが入ってくる導線が生まれ、スピーディーかつ同時多発的に共感を高めることができた。

図表5-4　NECの公式サイトでの発信
出所：NEC

　また、NECの自社メディアと同時期に**知財図鑑の公式サイトにも**掲載し、妄想の情報流通量を一気に高めることに注力した（**図表5-5**）。NECの自社メディアでは未来像の発信に力を入れていたが、知財図鑑のWebサイトでは未来を導く技術の情報とセットで発信することで、より共創パートナーを見つける狙いを強めた。

図表5-5　知財図鑑での発信
出所：知財図鑑

　このように妄想とテクノロジーを両面から説明できる情報ソースをオンライン上に多面的に配置すると同時に、NECのメンバーが自ら**日々のミーティング**で紹介する活動を続けたことも重要なポイントだ。未来創造プロジェクトメンバーは、ミーティング相手の属性に合わせて出し分けられるよう、常にSHUTTER Glassを含めた5つの未来像を持ち歩く妄想の伝道師となっていた。

　これらの妄想が手元にあることは、**外部イベント**に参加する際にも大きな武器となる。当時のNECプロジェクトメンバーは、国立研究開発法人 科学技術振興機 (JST) が主催するイベント「サイエンスアゴラ」に登壇する機会を得ていた。2020年、2021年の登壇枠で、妄想を紹介するセッションを設けることで直接的に聴衆に未来を訴えかけ、その様子はアーカイブされている。知財図鑑もセッションに参加し、議論の拡張を支援した。

アーカイブ映像はこちら (https://youtu.be/JsT31U0alXE)。
開始から46分あたりが該当。

CHAPTER

6

DUAL-CAST
フェーズ4
プロトタイピング

CHAPTER

6

フェーズ1　妄想ワークショップ

フェーズ2　可視化

フェーズ3　発信

フェーズ4 **プロトタイピング**

フェーズ5　検証

プロトタイピングの概要	
INPUT	「妄想プロジェクト」のメディア掲載・SNS発信
OUTPUT	体験可能なプロトタイプ
完了条件	UXデザインを行い「妄想」の世界が体験可能な状態となる
想定期間	3~6カ月（制作内容によっては増減あり）
推奨参加メンバー	新規事業部門／研究開発部門／知財部門／クリエイター

プロトタイピングの手順	
①	妄想の体験に適したプロトタイピングの手法を選ぶ
②	プロトタイピングに必要な技術パートナーを募る
③	クリエイターと並走し体験可能なプロトタイプを試作する

妄想を妄想で終わらせない

　DUAL-CASTフェーズ4はプロトタイピングである。立場や専門分野の壁を超えて様々なキープレーヤーの「共感」を生むことが、妄想を妄想で終わらせない最大の秘訣だ。共感は「体験してみたい」という欲望を生み出し、その期待が現場にも上層部にも広がっていく。

　「それ、簡単な試作品でいいから、実際につくってみて感触を確かめてみない？」

　こんな言葉が社内から飛び出したら、そこが具現の入り口だ。

　ここで、DUAL-CAST最大の要所であり、最もボタンの掛け違いが起こりやすい注意点に触れていく。企画書やイラストの世界から飛び出し、机上を離れていく具現化はとても楽しく、刺激的だ。体験の形が見えていくことで関与してくれる人も一気に増え、期待という名のプレッシャーが急増するフェーズでもある。特にプロトタイピングに慣れていない企業だとその重圧は大きくなる。

　そんな上昇気流の中で、こんな質問が聞こえてきたら注意してほしい。

　「いくらの利益を生む予定？」
　「原価はどれくらい？」
　「量産や全国展開できるの？」
　「いつ事業化するの？」
　「特許は取れるの？」

　未来事業を生み出すためにいつかは向き合う必要があるが、どれも時期尚早な質問である。

　特にDUAL-CASTを通して生まれるアイデアは「前例」がないチャレンジになる傾向が高いため、このフェーズでは様々な想定ユーザーに体感してもらい、コアバリューを見いだすことが最優先となる。その過程で妄想自体がピボットする可能性も高く、組み合わせていく技術が変わったり増えたりもするため、この段階でシビアな収益性や実現性を追求するのは得策ではない。

"形あるもの" だけがプロトタイプではない

「試作品」という意味を持つプロトタイプ。多くの人が、手に取れる模型やモックのことを想像するだろう。では、「形あるもの＝プロトタイプ」かと言われれば、それは不正解だ。「体験が想像できるツール」がプロトタイプであり、表現するための形態は物理的なモノに限られない。コストやスケジュール、伝えたい相手によってカスタマイズすべきだ。プロトタイプの形式を目的別に紹介してみよう。

Product／実機

• 手に取れる状態で想定する利用場所での体験テストを実施したい。

Web・App／デバイス

• スマホなどのユーザーインターフェースを通して未来体験を観察したい。

Movie・CG／映像

• 妄想に関する複雑な情報を、時系列を考慮して表現したい。

Story／小説

• 視覚的には表現が困難な未来の世界を伝えたい。

Event／空間

• 部屋、建物、街などを舞台として実証実験をしたい。

　プロジェクトの予算や期間、発表できる場面を想定しながら、適した形態を選択してほしい。不完全で断片的であってもプロトタイプをつくり社内外にアピールすることで、1枚のイラストだった妄想に比べると一段高い解像度でリアクションやツッコミが得られる。頭の中にあった妄想が可視化されることで共感を呼び、体験化されることで現実味を帯びてくる。仲間集めやリソース集めも、この段階まで来れば追い風が吹いてきているはずだ。

　では実際にプロトタイプをつくり出すにはどのような動きと流れが必要なのか。SHUTTER Glassの事例でたどっていこう。

「ロストピース」に反応した大阪大学

SHUTTER Glassに関わったNECのメンバーは「日々のミーティング」で妄想を発信していた。ある日、かねてからNECと関係性があった大阪大学大学院医学系研究科・内藤智之氏とのミーティングで、いつものように可視化された妄想を共有していたところ、内藤氏はSHUTTER Glassのアイデアに対して強い共感を示した。

共感のフラグが勢いよく立った理屈はこうだ。

もともとSHUTTER Glassは「高速カメラ物体認識技術」という知財が持つ「動く被写体でも瞬時に正確に画像として記録できる」という機能を基に生み出された妄想だ。勘が良い方ならすぐにお分かりだろうが、SHUTTER Glassは高速カメラ物体認識技術だけでは成立しない。まず、IoTデバイスとしてのスマートグラス本体が必要である。そしてスマートグラスに対してプロジェクターのような投影機能を追加するような進化も求められる。さらには見過ごす「美」にしおりをはさむためには、記録された膨大な視界データの中から持ち主の感性で「美しい」と思えるワンシーンを抽出する「ふるい」が求められる。内藤氏がピンときたのはこの「ふるい」を自分が提供できると感じたからだ。

内藤氏が専門的に研究しているのはユーザーの感性に基づいてレコメンドを画像化・数値化する技術で、それを「心的テンプレート」と呼んでいる。脳科学・心理学の知見と最新のAI技術を組み合わせた独自のアルゴリズムにより、個々人の感性イメージを画像化・数値化できる「心的テンプレート」は、個人にとって理想的な抽象画やインテリアデザインの作成や過去の購買履歴に依存しないレコメンドエンジンの開発など、様々な形で応用することが可能な技術だ（**図表6-1**）。

心的テンプレートはSHUTTER Glassの妄想を成立させるために欠けている機能、すなわち「ロストピース」を埋めることができる技術であり、それが故に強い共感が生まれた（**図表6-2**）。

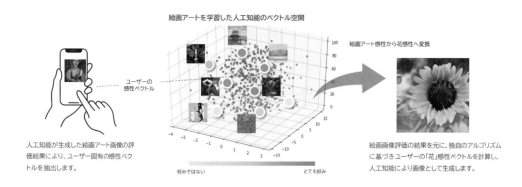

図表6-1　「心的テンプレート」の概要
出所：MaiND Lab

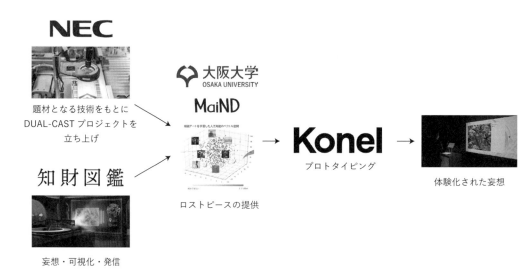

図表6-2　「SHUTTER Glass（シャッターグラス）」のプロトタイプ制作に向けて編成されたチーム
出所：知財図鑑

妄想を体験化するプロトタイピング

　ロストピースが見つかった妄想は、水を得た魚だ。未来に一歩近づける手応えを感じた当事者は、体験を生み出したくてウズウズしていた。

　内藤氏との出会いから間もなく、実証実験を前提としたプロトタイピングが決定し、大阪大学大学院医学系研究科とのキックオフミーティングがセットされた。キックオフは大変スムーズに行われた。なぜなら全員が可視化された妄想を見て未来を想像し、期待感を共有していたからだ。

　たどり着きたいゴールが明確な場合、プロジェクトは迅速に進んでいく。SHUTTER Glassの実証実験では、展示会場を用意し、「一日の活動を終えて帰宅したところ」から疑似体験ができるようにプロトタイプを設計することが早々に決まり、プロジェクトがスタートした。

　UXデザイナー、エンジニア、UIデザイナーがプロジェクトに合流し、各自が強みとなるスキルを持ち寄り、妄想の体験化に一直線に進んだ。プロジェクトがスタートしてから、プロトタイプが完成するまでの期間は約半年。可視化された妄想プロジェクトを発信した「見過ごす"美"にしおりをはさむメガネ｜SHUTTER Glass」は、１年の時を経て仲間と技術を引き寄せ、未来を体験できるプロトタイプとして具現化されたのだった（**図表6-3**、**図表6-4**）。

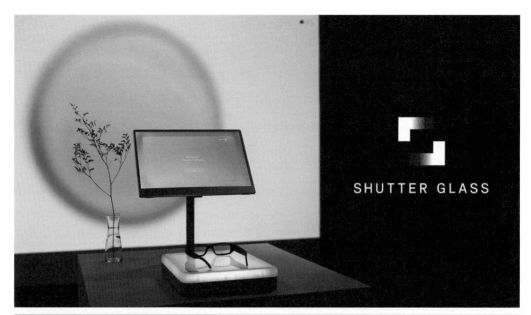

図表6-3　プロトタイプとして体験が具現化された「SHUTTER Glass（シャッターグラス）」
出所：NEC

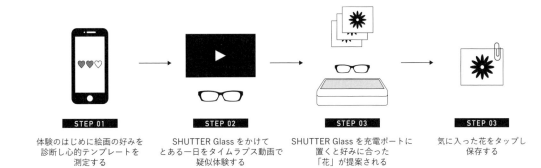

STEP 01	STEP 02	STEP 03	STEP 03
体験のはじめに絵画の好みを診断し心的テンプレートを測定する	SHUTTER Glass をかけてとある一日をタイムラプス動画で疑似体験する	SHUTTER Glass を充電ポートに置くと好みに合った「花」が提案される	気に入った花をタップし保存する

図表6-4　「SHUTTER Glass（シャッターグラス）」プロトタイプの体験の流れ
出所：知財図鑑

CHAPTER

7

DUAL-CAST
フェーズ5
検証

フェーズ1　妄想ワークショップ

フェーズ2　可視化

フェーズ3　発信

フェーズ4　プロトタイピング

フェーズ5　検証

検証の概要	
INPUT	体験可能なプロトタイプ
OUTPUT	未来事業を立ち上げるためのリソース収集（ヒト・モノ・カネ・情報・機会）
完了条件	プロトタイプをユーザーやステークホルダーに体験してもらい、フィードバックを得る
想定期間	3カ月〜
推奨参加メンバー	新規事業部門／広報・宣伝部門／経営部門／営業部門（ユーザーと対峙する部門）

検証の手順	
①	PoC プロジェクトのためのリソース確保
②	展示会や実証実験でプロトタイプを想定ユーザーに届ける
③	PoC のフィードバックを経て PoB に進むべきか精査する

体験を届け、価値を見いだす

　プロトタイプが完成したら、次に行うことは想定ユーザーに体験を届け、フィードバックを獲得することだ。何がコアバリューになるのか、体験者の生の声から検証していく、未来事業を導くため最重要ステップでもある。

　実際に体験をしてもらうために必要なのは、体験場所とプロトタイプの認知だ。例えばSHUTTER Glassの場合、アプリなどのオンラインサービスではなく、スマートグラスを用いた物理的な体験となるため適切な展示場所が欠かせなかった。そこで用意されたのが、先端技術のプレゼンテーションをビジネスパートナー向けに実施する施設「NEC Future Creation Hub KANSAI」であった。この段階では、妄想は可視化されているだけでなく、プロトタイプによって体験化されているので、社内での合意形成は一段と円滑だった。

　そしてこの段階で、NECの広報部門がプロジェクトにジョインしてくれた。プロトタイプの存在を広く伝えるために、プロジェクトメンバーであるAIスタートアップのMaiND Lab社、知財図鑑、Konelと同時にプレスリリースを発出することができた。積極的な情報発信は功を奏し、様々なメディアで取り上げられ、体験の予約も続々と入ってきた。本書を執筆している2022年10月現在、絶賛検証中の段階であるが事業化に向けて多角的なフィードバックを獲得するに至っている。

PoC と PoB は同時に行うべからず

　新規事業に携わる人がよく使うワードに「PoC」「PoB」という略語がある。DUAL-CASTを進めるうえで理解しておくべきキーワードなので、端的に解説する。

PoC (Proof of Concept)
　事業アイデアが想定ユーザーにどのように受け止められるか、提供価値を検証していくプロセス。PoCには様々な進め方があり、多くの専門書も出ているが、DUAL-CASTでは、事業アイデアを客観的に評価するために体験可能なプロトタイプを用意し、展示会や実証実験を通して、どのような価値が提供できるのか「コアバリュー」を見いだすことを重視している。「PoV」（Proof of Value：価値実証）というプロセスが切り分けられることもあるが、本書ではPoCの概念に統

合して解説していく。

PoB (Proof of Business)

　事業アイデアがビジネスとして成立するか、実現性を検証していくプロセス。PoBでは、投資対効果や経営戦略とのフィッティング、事業体制などの観点から事業アイデアを評価していく。事業化の最終判断につながる段階でもあるため、シビアな評価が求められる。通常、PoCをパスしたアイデアがPoBの評価対象となる。

　すなわち、PoCを経てPoBを行っていければ、未来事業は一歩実現に進む。当初のアイデアがきれいにそのまま事業化に向かうケースは珍しく、フィードバックを得て大きくピボットすることがほとんどだが、PoCによってコアバリューが見いだせることは喜ばしい。

　あなたがDUAL-CASTを推進する途中で、前述したような「いくらの利益を生むのか？」「いつ事業化できるのか？」といった時期尚早な質問が繰り出された時には、PoCとPoBの順序性について社内の理解を深めてほしい。PoCとPoBを同時に進めてしまうと、検証のプロセスに必要以上の時間とコストがかかるだけでなく、ステークホルダーの間に不穏な空気が流れ、関係性が悪化することさえ起こってしまう。

PoCを単なる検証にとどめない

　もしユーザーの体感が芳しくなく、PoCでプロジェクトがストップしたとしても、落ち込む必要はない。PoBや事業化というハイカロリーなフェーズに至る前にしっかりとブレーキが踏めたという意味では、事業開発コストを適正に管理できているということであり、これはPoCの一般的なメリットとしてよく挙げられる。

　しかしDUAL-CASTにおけるPoCは検証だけを目的としない。

　DUAL-CASTのプロセスをしっかり踏むことで、その挑戦は鮮やかに世の中の目に触れることになり、技術の認知も広がる。企業として未来事業に果敢に取り組む姿勢が他企業から認識されることで、「こんなことご一緒できませんか？」と別口のオファーが来ることも少なくない。これは、自前主義脱却の重要なステップでもある。

　さらには、未来事業に果敢に取り組む姿勢が、社内のキーパーソンに刺されば次の挑戦の支援者にもなってくれる。社外のビジネスパーソンや学生に刺されば新たな仲間になってくれる可能性も生まれる。

　昨今は「PoC疲れ」や「展示会燃え尽き症候群」といった、PoCに対して後ろ向きなフレーズも聞こえてくるが、それは検証そのものをPoCの目的にし、「駄目だったらまた次」というふうに単発的なサイクルを繰り返していることが原因だと見受けられる。それでは技術やチームに対して、認知と期待が蓄積しない。Forecastフェーズで生み出された妄想を鮮やかに提示し、共感を生み、未来の体験を届けていけば、必ず検証結果にとどまらない効果が積み重ねられる。

DUAL-CASTの効果測定指標

　以上のことを踏まえ、DUAL-CASTを始める際には次のような効果測定指標を掲げてほしい。

KGI (Key Goal Indicator／経営目標達成指標)
・妄想を実体験するためのプロトタイプをつくり、PoCプロジェクトが立ち上がること。

KPI (Key Performance Indicator／重要業績評価指標)
・題材となる技術（とプロジェクトチーム）に関心を持つプレーヤーの数が増えているか。
・PoCプロジェクトへ投下できるリソース（人材・設備・予算）が獲得できているか。
・ユーザーのフィードバックを得るための展示や実証実験の計画が策定されているか。

　ここまで進むと、「未来事業が確実に生まれるんじゃないのか？」と感じる方がいるかもしれないが、落ち着いてほしい。数々の新規事業の成功と失敗に伴走してきたが、うまくいく事業ほどPoC段階から機運を高め、ヒト・モノ・カネのリソースを引き寄せ、支援の輪を広げながら実現に向かっている。だからこそDUAL-CASTは、PoCの意義を強めることに特化して、未来事業づくりの成功確率を上げることに注力したメソッドとなっている。この点を意識しながら、思い切り妄想の具現化に向けてアクセルを踏んでほしい。

未来事業を立ち上げるためのリソースを集める

　PoCを経てコアバリューが見いだされると、DUAL-CASTも大詰めである。ここまで来れば、体験を通して検証された妄想が「未来事業」として成立するかどうか、ビジネスの観点で精査するステージに立っている。PoBの段階だ。可視化された妄想を見た段階で、前のめりに事業性や実現性を問うてきていたメンバーとも鼻を突き合わせて存分に協議しよう。

　収益性の評価は企業ごとに設定されているものなのでここでは深掘りしないが、もし話のきっかけが必要であれば次に挙げるような観点から協議を始めてみるのもよい。

ロストピースは獲得できそうか？
• 共創相手は見つかるか？一度自社が保有している知財を見直してみるのもよい。

ビジョンとの整合性はあるか？
• 自社が掲げるビジョンとフィットしているか、言語化してみよう。

どんなメンバーでチームを組む？
• スキルや経験値のフィットだけでなく、モチベーションを持って推進してくれるメンバーの顔を思い浮かべてみよう。

ペルソナはどんな人物像だろうか？
• コアバリューによって幸せになる人物のプロフィールを書き出してみよう。

スモールスタートの定義
• いきなり全国展開にはならないだろう。テストマーケティングするとしたら、どんな地域？どれくらいの期間？どんなKPIをセットする？

　こういった協議に着手できているようであれば、もうDUAL-CASTは意識しなくてもよい。自社技術のバイアスから脱却し、色鮮やかな未来を妄想し、一枚の絵から体験をプロトタイピングし、社会に向けて問いかけたことによって、プロジェクトチームのモチベーションと推進力は強く実証されているはずだ。ここまでやってくれば、ブレーキをかける人は減り、支援してくれる人が増え

ているに違いない。胸を張り、当事者として自信を持って未来事業を導いていってほしい。

　DUAL-CASTの解説は以上となるが、本CHAPTERの締めくくりとして、SHUTTER Glassのチームの実体験をよりリアルに感じてもらうため、NECのプロジェクトメンバーによるインタビューコラムを用意した。妄想を具現化した当事者たちの、リアルな活動内容やプロセスをぜひ体感してほしい。きっと勇気をもらえるはずだ。

Column　妄想が"セレンディピティー"の確率を上げる
（DUAL-CAST体験談 by NEC未来創造プロジェクトチーム）

　NECが「DUAL-CAST」を実践したことにより、実機のプロトタイプにまでプロジェクトが進んだ「見過ごす"美"にしおりをはさむメガネ｜SHUTTER Glass（シャッターグラス）」。知財図鑑のWebサイトへの公開後、大阪大学やAIスタートアップのMaiND Lab（マインドラボ）、Konelと共創に発展し、2022年4月にその実機を発表した。妄想から具現までDUAL-CASTの一連のフローを経験したNEC未来創造プロジェクトチームの小出氏と永井氏に、新規事業創出の当事者としてのリアルな声を聞いた。

Profile

小出 俊夫 氏

日本電気株式会社（NEC）デジタルテクノロジー開発研究所 リードビジネスデザイナー。博士（工学）を取得後、中央研究所で新世代インターネットに関する研究に従事。北米・シリコンバレー地域での研究とOSS開発の経験を経て、現在は研究所技術の早期事業化に特化したビジネスデザインを担当。まだ日の目を見ない新技術を事業に結びつけ一日も早く社会に送り出すことで、世界の人々の幸せに貢献しようと日々奮闘中。

永井 研 氏

日本電気株式会社（NEC）新事業推進部門 シニアプロフェッショナル。1994年4月NEC入社。海外向け通信機器、システムの技術開発からキャリアをスタートし、国内外市場のSE、マーケティング、営業まで幅広い職種を経験。3G・4G・5Gの商品企画、事業開発を担当した後、現在はBeyond 5G時代に向けた新しい事業を策定する推進役として、従来までの通信の市場やサービスの枠を超える事業の立ち上げを推進中。

有象無象のアイデアから"NECらしさ"を引き寄せる

——「SHUTTER Glass」は、妄想プロジェクトの公開をきっかけにして共創パートナーが集まりプロトタイプの実機制作まで進んだという、DUAL-CASTの理想的な事例の一つとなりました。妄想ワークショップからプロトタイプまでの一連のアプローチを実施してみて、率直な感想を聞かせていただけますでしょうか。

小出 俊夫 氏（以下、小出氏）：DUAL-CASTを用いたプロジェクトデザインは、我々のチームにとっていつもとは違うドライブがかかる機会となりました。まず妄想ワークショップの感想は、「とにかく脳に大量の汗をかいた」ということですね。普段は使っていない頭の筋肉を動かした感じと言いますか、いい意味で疲れました。特に印象深かったのは、4種類の発想法（連想法・動詞法・リスト法・連結法）を使い1時間で100に近いアイデアのタネを量産していったことです。強制的にアイデアが発散されていくようで刺激的でした。もうこれ以上アイデアは出ない！と追い詰められたところから、思考法を変えるたびに、自分でも思いもよらぬ切り口があふれてくる。自分のアイデア・ソースのクオリティーが底上げされた感覚がありました。

永井 研 氏（以下、永井氏）：普段アイデアを発想するとき、ついつい私たちは「場のコンセンサスをとること」を重視してしまう傾向があります。ところがこの妄想ワークショップはまずとにかく量を出すことからスタートするので、空気を読んで周りに気を遣うモードから、とにかく頭に浮かんだものをそのまま出す方へ考えがシフトしていきました。そして、そうした有象無象のアイデアから「未来イシュー」や企業ビジョンを軸に置いて議論ができたので、結果的にNECらしさから乖離し過ぎることなくアイデアを収束させることができました。

　また、整合評価のフェーズでも発見がありました。現状の企業ビジョンと未来イシュー、共に適応度が高いアイデアはもちろん有望ですが、企業ビジョンから外れていても未来イシューにマッチするアイデアを見つけた場合は、逆に企業側のビジョンをそちらに寄せるきっかけにもなる、というのは大きな気づきでした。

小出氏：アイデアの収束と聞くと、どこか狭まっていく印象があったのですが、企業ビジョ

ンと未来イシューとアイデアを照らし合わせることで、新規事業として整合が取れているかが可視化されてクリアになりましたね。また、ワークが進むにつれて、ただの単語レベルだったアイデアも徐々にリアリティーと奥行きを備えて、事業のタネとして育っていく実感がありました。

——かねてNECは「未来創造」と銘打ったプロジェクトを進めてこられたので、知財図鑑が選定している未来イシューとも響き合うところがあったのではないかと思います。ワークショップで生まれたアイデアの中には、実装された「SHUTTER Glass」以外にも取り組んでみたいと思えるものはありましたか?

小出氏:私が印象的だったのは「Smart Happiness City」という事業のタネです。アイデアとしてはシンプルで、例えば駅のホームなど人流がある場所に「高速カメラ物体認識技術」を設置して、行き交う人々の表情や動作の機微から感情をセンシングする。導き出したデータからエリアの幸福度を計測していくというものです。この技術をスマートシティーに応用すれば、人々の快適度を自動で計測して空調やBGMを調節したり、自らが最も心地よく過ごせるエリアと相互マッチングしたりということができるかもしれません。

　スマートシティーというキーワードでプロジェクトを進めていると、技術発展に目が行きがちで、そもそもの目的を見失うケースがよく起こります。本来の目的である、人々の幸せやウェルビーイングを実現するために、普段の暮らしから幸福度やストレスを推し測ることができれば本質的なスマートシティーを造り上げるビッグデータとして活用できるのではないかなと。これはいずれ実現したいと、ひそかに思っています。

——プライバシー担保や、表情トラッキングと感情解析の関連づけが重要となりそうです。「Smart Happiness City」を実現するためのポイントやハードルは何でしょうか?

小出氏:表情からの感情の推定や、複合的な情報の中から特定の動きを検知することは、今のNECの技術を集約させれば実現することは不可能ではないと思います。それより難しいのは、社内に点在する技術を結びつけ、事業として実現することに共感してくれるメンバーを、部署を横断して集めるところですね。でも、まさにそこは今回のDUAL-CASTによる「SHUTTER Glass」の具現までのプロセスが、NECにとっても良い過去事例

となるのではと考えています。

妄想を補助線に、未来を可視化する

――事業化前のアイデアは、ビジネスの観点が加わると倍速的に進むこともあるかと思います。永井さんはアイデアをいかに社会に実装するか、検証して新規事業を推し進めるポジションですが、普段NEC社内ではどのようにしてプロジェクト化は行われているのでしょうか?

永井氏:私は「新事業推進部門」に所属しているのですが、旧来の考え方では面白そうな事業アイデアに対しても、手堅いビジネスプランに当てはめたり、採算性やキーリソースについての議論へと落とし込んだりしがちでした。私自身もそうですが、長くICT業界や通信業界にいると、特定の界隈だけの想像力に限界を感じてしまいます。もっと多様な分野や肩書の人々との意見交換や批評を経てきたアイデアのほうが、より素直に実現したいと思える未来に近いのではないか。そういうものにもゴーサインが出せるように、先入観やバイアスにとらわれないことは重要です。クリエイターと研究者の知見とスキルが入り交じった今回のDUAL-CASTのプロセスは実に本質的でした。まず実現したい未来を誰もが同じ目線で見えるよう打ち出して、そこへ達するための技術や人、お金が足りないのなら社内・社外へ共感する仲間を探しに行き、実現に向けて補完する。そういう優先順位が理想に最も近づけやすい事業のつくり方だなと。

――「あってほしい」未来のビジョンを可視化させて、それを旗印にして共感とリソースを集めていく。この逆算的な動きが社内だけでなく社外へも向けられていくとイノベーティブですよね。

永井氏:事業化となると、所属している企業やチームの目先の課題や利益に気を取られてしまい、つい近視眼的になりがちです。未来の社会や世界へと意識を飛ばして、社内だけでなく、できることならお客さまやステークホルダー、他業種の方ともディスカッションして視点を養う機会を増やすべきですよね。

——今回、DUAL-CASTで妄想した「SHUTTER Glass」の場合は、2020年末に知財図鑑に記事として初めて世の中に発信しました。当時、社内・外でどんな反応があったのでしょう?

小出氏:私の場合は、本業であるR&D部門のほうで、同僚に知財図鑑の妄想プロジェクトとして掲載された「SHUTTER Glass」の記事を見せたことがありました。「いいね!」とまず一目で言われてうれしかったのですが、よくよく聞けば、どちらかというと「羨ましい」という反応に近かったことを覚えています。普段、私たちが技術を開発して外に発表する時というのは、論文や特許申請、学会発表である場合が多い。技術ではなくビジュアルを先行してつくる習慣のなかったR&D部門の研究者たちにとって「SHUTTER Glass」のイメージは新鮮に映ったようです。

そしてもう一つ、「SHUTTER Glass」のイメージは、私たちが長く取り組んでいる「エクスペリエンスネット」というビジョンを体現するうえでも、大きな位置づけとなりました。「エクスペリエンスネット」とは、未来創造のキーワードとして2019年ごろからNECが提唱している概念です。情報通信を基本とした「インターネット」から今後は体験を共有して社会の分断を乗り越える「エクスペリエンスネット」が重要になっていくだろうと。社内外でそういう議論をしていたのですが、いま振り返るとその内容はあまりにコンセプチュアルでした。並行して、その概念をどう表現できるかというアーキテクチャーも考えていましたが、一方でこれはディテールに注力し過ぎていました。

当時は、具体的なビジュアルや「体験そのもの」をつくるという発想がなく、言葉や技術説明だけを使って概念を模索していました。そうしてやや行き詰まっているところで、知財図鑑とのDUAL-CASTのプロジェクトがブレイクスルーとなりました。「SHUTTER Glass」の妄想をイラストでビジュアライズしたことで、「これこれ!」というようにプロジェクトメンバーの共感や理解が一気に深まりました。「エクスペリエンスネット」の概念に対する社内の風向きも、少し変わったことを覚えていますね。

——「エクスペリエンスネット」という視座が高いが故にハードルがあったビジョンに対して「SHUTTER Glass」の妄想が補助線となった。目指すべき未来のシーンが描かれることで社内の理解も深まったのはうれしい成果ですね。

小出氏：「Science Agora」（サイエンスアゴラ）という科学と社会をつなぐことを目的とした
オープンフォーラムに参加した際、NECは新しいコモンズ（共有財）を通じた未来の
共感をテーマにセッションを行いました。やはりここでも、具体的な生活シーンを描い
た「SHUTTER Glass」をはじめとするいくつかの妄想ビジュアルを介してプレゼンしたこ
とで、高い解像度でイメージを伝えられました。外部のカンファレンスや商談で自社ビ
ジョンを提示したいときにも、妄想は有効に機能する手段だと思います。

妄想が「セレンディピティー」の確率を上げる

——知財図鑑での記事の公開から1年ほどの時間を置いてから、「SHUTTER Glassの実
機をつくりたい」というアクションが起こりました。NECと知財図鑑では複数の妄想プ
ロジェクトを記事化して同時発信しており、その中の一つが「SHUTTER Glass」でした。
なぜ「SHUTTER Glass」が実装に選ばれたのでしょうか？

小出氏：経緯をお話しすると、先ほどお話しした通り「エクスペリエンスネット」という
概念を提唱するにあたって社内は試行錯誤していました。そのうちに「私たちに足りない
のは人文・社会学系の領域なのでは」と思い至り、しかしその領域にアクセスできる人脈
もなく足踏みしているときに、幸運にも大阪大学の「未来共創機構」からコンタクトがあっ
たのです。私たちが掲げていた「未来創造」と、彼らの「未来共創」というネーミングも
近いことがきっかけで、どういう取り組みをしているのか興味を持っていただき情報交
換をしました。

　大阪大学の皆さんに「エクスペリエンスネット」のビジョンと現状を説明すると、実現
へ向けた知見のありそうな教授の方々を紹介してくださり、最終的に共に研究を進める
こととなる大阪大学大学院医学系研究科の内藤智之先生に出会いました。内藤先生は脳
科学・心理学の知見とAIを組み合わせて、個人の心の理想的な美や好みなどの感性を画
像化・数値化するという「心的テンプレート」という技術を開発されている方です。その
研究内容を聞いた時に、まさに「SHUTTER Glass」のコアとなり得る技術だと直感して、
共創の打診をしました。結果、大阪大学とNEC、大阪大学発のAIスタートアップMaiND
Lab（マインドラボ）、クリエイティブと実装を担当するKonelと知財図鑑という座組みで
会社を横断したチームが出来上がりました。

——もともと目指していたビジョンでNECと大阪大学は通ずるところもあったかと思いますが、妄想を起点として手が挙がり社内外を横断するチームが組まれるというのは珍しいケースですよね。

小出氏：セレンディピティー（偶然の産物）という言葉を使ってしまえばまとまりが良過ぎますが、そうとしか言えないところもあります。でも実際は、カンファレンスで発表したり、プレスリリースを打ったり、オンライン上に記事を公開してきたことで、常に社内外にアンテナを張っていたからこそ、出会いの確率を上げることができたのだと思います。内藤先生から「心的テンプレート」についてご説明いただき、お返しに「SHUTTER Glass」の妄想をお見せしたとき、以心伝心するような良いリアクションを頂けたのはうれしかったですね。こういったチャンスの場面において可視化された妄想が手元にあることで、最短距離で相手と同じモチベーションの土俵に上がれたのはパワフルな体験でした。

——例えば出合い頭のディスカッションであったとしても、妄想イラストを見せてそれが共感を生めば、プロジェクトがハイスピードで動き出しますよね。その時のためにポケットにいくつ妄想をためておけるかが重要なのかもしれません。皆さんのポケットには、少なくとも「SHUTTER Glass」を含む妄想がいくつか準備されていたからこそ、ご縁があったのかなと。

小出氏：「SHUTTER Glass」のようなビジュアルイメージがないと、手探りな空中戦になっていたかもしれません。可視化されたビジュアルを挟んで話をすることで、それがお互いの共通言語のように働いてくれました。セレンディピティーではありますが、妄想をビジュアライズして発信し旗を振ることが、その確率を上げることになるのだなと。

妄想の可視化から、妄想の体験化へ

——「言語化」「イラスト化」「体験化」というステップを踏んで拡張した「SHUTTER Glass」の妄想ですが、ここから先の事業展開として考えられるアクションについてもお聞きしたいです。

211

永井氏：NECはこれまで、「未来創造」を掲げて活動していましたが、そろそろ「未来実装」のフェーズに来たのではないかと思っています。今後期待される技術として、「Beyond 5G」や「6G」による超高速通信やホログラム技術などが挙げられますが、その多くは手触り感がなくどこか遠い人ごとのようで共感が得られにくい。これを突破するにはどうしたらいいのか常に悶々としていましたが、今回の取り組みを通じて、体験できる物理的な形にしていくことが一番近道なのではないかと感じています。

　「SHUTTER Glass」のプロトタイプは、NECの関西の拠点「NEC Future Creation Hub KANSAI」で展示（2022年10月時点）をしており、商談などで訪れる社内外の関係者からもビビッドな反応を頂いています。それも同業だけでなくアート・デザイン界隈の方々からもリアクションを頂いており、これまでとは異なるマーケットの予感を抱いています。「SHUTTER Glass」をさらに拡大した事業へ推し進めることはもちろんですが、今後もこれに続く第2、第3のプロトタイプによるサービス体験を提示したいですね。妄想が形を帯びると、世の中に発信して網を広げられる。それが新しい出会いや事業創出を引き寄せてくれるでしょう。

小出氏：「SHUTTER GLASS」はNECの掲げる「エクスペリエンスネット」の中の一つのソリューションにはなり得ましたが、「エクスペリエンスネット」のすべてを語れる段階にはまだ到達していません。これを網羅的に語れるようになるためにも、妄想で生まれたアイデアを順に体験できるレベルの形に落とし込んでいくことが、きっと近道になると思っています。妄想やビジョンをそのままで終わらせず、絶えず具現化していきたいですね。

CHAPTER

8

越境が
オープン
イノベーションを
加速させる

越境を呼ぶ妄想と具現

　CHAPTER 7に至るまで、DUAL-CASTのフレームワークをひもといてきた。長い文章をここまで読み進めてきてくれた読者に感謝し、CHAPTER 8では本書の締めくくりとしてオープンイノベーションにより妄想が具現化した実例を追いかけよう。

　ここまで何度も触れてきたように、鮮やかな未来事業を実現するためには自前主義の脱却、すなわちオープンイノベーションへの前傾姿勢が必要だ。飛躍的な妄想ほど、具現化させるために必要な技術要素（＝ロストピース）は多く、熱量のあるパートナーや支援者との**共創**が欠かせない。また、従来の役割から**逸脱**し、自社の活動領域を拡張していくことも大切になる。

　そしてもう一つ、業界の壁を越えて**対話**することが重要となってくる。ビジネスと政治、ビジネスとアカデミア、ビジネスとデザイン、ビジネスと生活者。ビジネスのドメインに閉じて盛り上がっているだけでは、妄想を具現化し、未来事業を導くことはできない。つまり、未来への入り口を切り開くには「越境」が求められ、「妄想と具現」のアプローチは自然と越境を生み出すこ

とにつながるのだ。

　本書で紹介したDUAL-CASTは、私たちクリエイターがこれまでに企業や外部パートナーと共創した数々のオープンイノベーションのプロジェクトの中で、共通して有効だと感じたクリエイティブのエッセンスを抽出してつくり上げたものだ。これらが血肉となり、アイデアの妄想から具現に至るためのパターンを体系化して示すことができるようになった。

　ここからは、妄想が具現化される過程で、素晴らしき越境が起こった実例にスポットライトを当てていく。DUAL-CASTの発想に至った舞台裏をのぞくような感覚で、オープンイノベーションのプロジェクトをデザインするための実践的なヒントを見いだしてもらえたらうれしい。紹介する越境の切り口は、**共創・逸脱・対話**だ。

CASE 1【共創】
未来のビジョンが仲間を引き寄せる

　皆さん、ピルという医薬品をご存じだろうか？使ったことがある人は限られるかもしれないが、おそらく性教育の授業で習っているであろう「避妊薬」のことだ。実は日本国内のピルの使用率は、欧米の先進国に比べると著しく低く、それが故に健やかな生活機会を逃している女性が多い。ピルは生理痛にも効果的な薬品であることを知らずに過ごしている人も多いのではないだろうか。

　ピルに対する古めかしい偏見や、効果・効能に関する正しい知識の不足、産婦人科での待ち時間が長いことなど、原因を挙げ出すと切りがないのだが、これらの課題解決に力強く取り組んでいるスタートアップ企業がネクイノだ。2016年に大阪で創業して以来、オンラインピル処方サービス「スマルナ」を展開し、アプリのダウンロード数は80万件を超えて成長を続けている。

　スマルナはピル市場の拡大をけん引するサービスでもあり、ネクイノの中でも主力事業として積極的な投資がなされているため、当初からネクイノを知る人の中には「ネクイノ＝ピル処方サービスの企業」というイメージを持っている人が少なくないかもしれない。しかし、ネクイノのミッ

ションは「世界中の医療空間と体験をRe▷design（サイテイギ）する」ことであり、ピル以外の未来事業を導いていくことが経営課題でもあった。スタートアップ企業が特定のサービスを皮切りに大きく成長する例は多いが、第二、第三の事業を成功させていくためには何が鍵になるのか。答えはたくさんありそうだが、中でも最重要なのが「ビジョン」の可視化だ。

ビジョンという言葉の説明に関しては耳にタコができている人も多いだろうが、一言でまとめると「企業が描く理想の世界」であり、そこには妄想が含まれることが多分にある。

ネクイノは2020年12月に大きくリブランディングを実施し、社名やコーポレートサイトを連続的に刷新した。その流れで打ち出されたのが「Future Vision Movie」だ（**図表8-1**）。

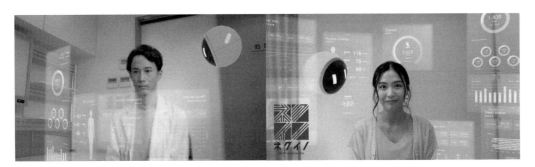

図表8-1　Future Vision Movie
出所：ネクイノ

「Future Vision Movie」の動画視聴はこちら
https://youtu.be/CdHM5QwbN4k

2018~2028年のスパンで、医療体験にどんなイノベーションが起こっていくかを提示する映像で、1人の女性と1人の医師を主人公とした8分50秒のショートドラマとなっている。単に技術的な側面を解説するだけではなく、人々がどのように幸せになっていくのか、感情を想像できる設計でビジョンが映像化され、その中で理想的な未来を導くための事業のあり方が提示されている。

　映像の中では、2018年ごろスマルナのオンライン診療がもたらす便益を描写しながら、2023年にはスマートフォンのインカメラである程度の診療が自動化される様子が描かれている。2025年にはスマートミラーに対面しながら無意識にヘルスチェックを行い、2028年にはメタバース空間上でアバターを介して診療行為が進められる未来が段階的に予測されている。

　Future Vision Movieはネクイノ5周年の総会で社内向けに公開された後、YouTubeで公開された。ビジョンが鮮やかに可視化されたことで、社員・取引先・投資家・メディアなど幅広いステークホルダーと高い次元で意識統一が図られた。

　その後のネクイノの「具現」には目を見張るものがある。2021年10月6日に知財図鑑の公式サイトで掲載したニュース記事を引用したい。

ネクイノ、ENEOSより資金調達を実施
―次世代型無人医療ブース「スマートライフボックス」の実証実験を開始

　株式会社ネクイノがENEOSホールディングス株式会社（以下ENEOS）を引受先とした資金調達を実施し、協業を開始した。また、予防医療の領域から健康課題を総合的にサポートする専用無人ブース「スマートライフボックス」を共同開発し、実証実験を開始したと発表した。

　無人医療ブース「スマートライフボックス」は、室内に設置された検査機器による様々なバイタルデータの計測と、そのデータを共に参照できる医療専門家とのビデオ通信によるコミュニケーションが可能。健康相談サービスをオンラインで提供する。利用にはスマートフォンやPCなどで専用アプリを通じ、本人確認と予約を行うと入室可能となる。プライバシーが保たれた静かな環境で、健康課題に応じて地域の医療機関への適切な受診についてアドバイスを受けることができる。

　ネクイノとENEOSは実証実験として、女性向けの健康相談サービスの提供からスタート。千葉県柏市ららぽーと柏の葉にリニューアルオープンした『まちの健康研究所「あ・し・た」』内にこのスマートライフボックスを設置し、医療専門家とのオンライン健康相談サービスを一般向けに無償で提供する。この実証実験は2022年3月末までを予定している。

　Future Vision Movieに直接的に登場しているサービスではないが、医療空間と体験の再定義を進めるうえで、共感性の高い打ち出しであることは間違いない。また、この挑戦にはENEOSホールディングスという強力なパートナーが見つかっている点も見逃せない。そして実際に開発されたスマートライフボックスは**図表8-2**のようなビジュアルだ。

　前述のニュースに載っていた妄想図がそのまま再現されたようなプロトタイプで、扉を開けるとスマートミラーやセンシングデバイスなど、様々な技術がコラボレーションされている。三井不動産が運営する『まちの健康研究所「あ・し・た」』にて行われた実証実験では、未来の生活を体験したい事業者が大勢足を運んでくれた。

　可視化されたビジョンの下に、自社・他社の壁を越えて共感が生まれ、人・技術・資金・場、様々なリソースが集まり、妄想が具現化されていく流れには、とても美しい連続性がある。

図表8-2　スマートライフボックス
出所：ネクイノ

CASE 2【逸脱】
広告会社がサービスを生み出す時代へ

　規模の大小を問わず、事業には必ずマーケティングが必要であり、読者の中でも広告会社と仕事をしたことがある方は多いのではないだろうか。「広告会社」という言葉を耳にすると、事業成長をサポートするために広告をデザインしたり、テレビCMの枠を買い付けてくれたり、デジタルマーケティングを推進してくれたり……とにかく「クライアント」の事業のために最大限寄り添ってくれる屈強なビジネスパーソンが思い浮かぶ。裏を返すと、広告会社が自らリスクをとって事業を興しているイメージが薄く、事実そのような機会は少ない。

　インターネット技術の高度化はとどまるところを知らず、デジタルネイティブな世代が台頭していくにつれ、もはや個人や中小事業者が自ら広告を扱うことも日常化している中、広告業界が「クライアントワーク」だけで生き残っていくのは厳しいという話は、私が広告会社に所属していた10年前から叫ばれている話題だが、広告会社がリスクテークするような事案を目にすることは、まだまだ数えるほどだと言えよう。

　そんな中、広告会社の従来的なポジションを逸脱し、妄想を具現化した事例を3つ紹介したい。

「MOMENT TUNER」（モーメントチューナー）
トレンドワードから音楽プレイリストを自動生成

　まず、博報堂とのコラボレーションの実例から始める。博報堂にはテクニカルディレクターという職種があり、栗田昌平氏はその一人。プランニングやクリエイティブディレクションの観点を持ちながらもテクニカルな実装面にも携われる珍しい存在で、かねて何か一緒に仕掛けたいねと話す仲だった。

　時が満ちたある日のこと、「過去にボツになったんだけど本当は具現化したい妄想がある」と共有してくれた企画書には、こんなステートメントが書いてあった。

世界はいま、どんな音楽を奏でているだろう

データから機械的にレコメンドされる音楽。
はずれてないけれど「新しい出会いが」
減っているようにも感じます。
再生回数や、視聴履歴から導かれた結果だけが、
音楽との出会いではないはずです。
音楽は、昔からその時代の「世相」をあらわし
その時、その瞬間の社会の空気や、人の想いが
歌に込められてきました。
MOMENT TUNERは、音楽の魅力を再発見し
新しい音楽との出会い方を生み出します。

次のページには、以下のようなサービス内容が記述されており、ぐっと来た。

- Twitterのトレンドワードから、いま、その瞬間にぴったりなSpotifyのプレイリストを自動生成する。
- ニューヨーク・ロンドン・東京の中からエリアを選択し、チューナーを合わせればその場所の世相をあらわした音楽を届ける。

言語化された妄想に強く共感し、「具現化しましょう」と瞬間的に口が走っていたことをよく覚えている。その日が博報堂×Konelのプロトタイピング・プロジェクトの幕開けとなった。そこには広告会社（発注者）→クリエイティブエージェンシー（受注者）という従来的な関係性は存在せず、どちらかが主導権を握るのではなくお互いが意見をぶつけ合いながらのプロトタイピングが始まった。

当初は「Twitterのトレンドワードから、いま、その瞬間にぴったりなSpotifyプレイリストを自動生成する」という機能を果たすためにWebサービスとしてプロトタイプを制作する方向で話が進んでいたが、メンバーの熱量は日に日に高まり、「新時代のラジオデバイスをつくる」という目的がプロジェクトに追加された。そうして生まれたのが「MOMENT TUNER」だ（**図表8-3**）。

図表8-3　MOMENT TUNER
出所：博報堂・Konel

　デバイス版とWeb版の両方がプロトタイプとして完成し、関係者に向けてお披露目されたり、国内最大級のオリジナル・ハードウエア・コンテスト「GUGEN」にノミネートされたりした。ボツになった妄想企画からプロジェクトが生まれ、未来の体験がプロトタイプによって具現化されたという意味において、これまでの広告会社のスタンスを大きく逸脱した実例だと言える。

　これが未来事業に発展するかどうかは未知の領域であるが、プレスリリースも正式に発出された今、拡張的な展開を期待している。共感のフラグが立ってビジネスの可能性を感じた読者はぜひコンタクトしてほしい。そして広告会社のプランナーに限らず、これまで数々のボツをノートに書き留めてきている読者は、具現化できる可能性があることを想像してみてほしい。

「Log Flower」（ログフラワー）
部屋の機嫌で育つ観情植物

　次に東急エージェンシーとのコラボレーションの実例を紹介しよう。2021年、同社には「GG（仮）」という社内プロジェクトが立ち上がった。

　「いい試合だったよ、お疲れ！」を表すネットスラング「gg」（good game）から取ったというチャーミングなタイトルもさることながら、「β版」を生み出して発信することを目的としているのは、従来の広告会社らしからぬプロジェクトだ。ある日プランナーの井倉大輔氏から「プロトタイピングのための予算が下りたので企画を聞いてほしい」と連絡を受けた。そんなチャレンジングな予算が確保されたのかと思うと、胸が躍った。

　間もなくして企画会議が持たれたのだが、その場で提示されたアイデアはゆうに両手で数えられないボリュームで、どれも飛躍的な妄想だった。フラットな関係性で議論が進む気持ちの良いプロジェクトメンバーが集まり、目を輝かせながら未来について協議を重ねた。

　プランナーからもテクノロジストからも、具現化の熱量が最も集まったのが「部屋の雰囲気に合わせて育つデジタル植物」という妄想だった。かいつまむと「部屋にいる人の感情をセンシングし、感情を栄養にして様々な色や形に成長するデジタルな植物」をつくろうという内容だ。

　「植物に水と日光だけでなく、ポジティブな言葉を話し続けると元気に育つ」というような話を聞いたことがあるが、未来には感情を栄養にして育つデジタル植物があってもいい。そんな世界観にメンバー全員が共感し、プロトタイプの開発がスタートした。妄想と予算とデザイナーとエンジニアはそろっているので、デジタル植物を表現していくことはできそうだが、「感情をセンシングする」というコア技術がロストピースになっていた。

　そこで知財ハンターがマッチングしたのが「Empath」（エンパス）という、音声から気分・感情をセンシングするAI技術だ。すぐにEmpath社とも妄想を共有するミーティングがセットされたが、共創関係を築くのはあっという間だった。

　GG（仮）のメンバーは、コンセプトやプロトタイプのネーミングを熟考しながら体験を設計し、Konelはデザインと実装を担い、Empathは感情センシング技術をAPIによって提供した。そうして完成したプロトタイプが「Log Flower」（ログフラワー）だ（**図表8-4**）。

図表8-4　Log Flower（ログフラワー）
出所：東急エージェンシー・Konel

　詳細は知財図鑑の公式サイトを見てもらいたいが、ここでは「概要」を引用する。

「Log Flower」（ログフラワー）とは、部屋の雰囲気（感情）を栄養にして育つデジタル上の新しい植物。音声感情解析AIであるEmpathを使用し、置かれた空間の人々の4つの感情（喜・怒・哀・平常）を取得し、吸収する感情によって花の形や色など生育の仕方が変わりながら成長する。種、花弁の先端・中央・根元それぞれの部位ごとにその場その時の感情を取得し色相や形が変化するため、無数の組み合わせから唯一無二のオリジナルの花や種子が生成される。また、今後は成長した花やそこから生まれた種子はデジタルデータやNFT化し、販売・トレードを行ったり、コレクションとして画面に並べて表示するなどの機能も実装予定。自宅のリビングの他、エントランスや会議室などの人々が集まる空間で利用し、場の空気を可視化し感情の「気づき」を与えることで、感情の変化を知りコミュニケーションを見つめ直すきっかけになるプロダクトとして期待されている。

　無駄のないコラボレーションにより、スタートの企画会議から約8カ月後に公式のプレスリ

リースを出すに至り、テレビ番組を始めとした各種メディアから大きな反響を獲得した。さらに生活者からの反応を得るための展示会やトークセッションが開催され、様々な角度からフィードバックを得ることができた。そして実空間でLog Flowerを試したいというオファーを獲得し、実証実験のプロセスを進めている。

　従来のクライアントワークに集中することから逸脱し、β版を生み出すというミッションを社内に設けたことから1年間のプロジェクトが生まれ、未来の体験をプロトタイピングするに至った。幅広い事業会社とのつながりを持つ広告会社にβ版が生まれれば、クライアントと共創関係を築くことも現実味を帯びてくるはずだ。

「サイバー和菓子」
風速・気圧・気温に応じてデザインされる未来の和菓子

　3つ目は電通が主宰するフードテックプロジェクト「OPEN MEALS」の事例だ。KonelがOPEN MEALSと出合ったのは2018年、米国でも最大級のイノベーションとカルチャーのテックカンファレンスSXSWだった。当時、OPEN MEALSは「寿司テレポーテーション」という妄想をプレゼンテーションするためのプロトタイプを展示していたので、その様子をメディアで目にした読者もいるのではないだろうか。

　OPEN MEALSは翌年以降も精力的に活動を続け、「SUSHI SINGULARITY」という超未来型の妄想を提示し、大きな話題を獲得していた。その妄想は強力なインパクトがあるだけではなく、各方面の研究者との対話を重ねて科学的な予測（Forecast）がなされていた点がとても印象的だった。**図表8-5**はSUSHI SINGULARITYの概念に基づいて提案されている「FOOD FABRICATION MACHINE」だ。

図表8-5　FOOD FABRICATION MACHINE
出所：OPEN MEALS

　来店者の顔から健康状態をセンシングし、個人に合わせて栄養素を組み合わせ、寿司を3Dプリンティングするような、パーソナライズされた食体験を提供できるように設計されている。

　SUSHI SINGULARITYはメディアを通して幅広く認知され、世界中から具現化を望む声が寄せられ、今なお期待が高まり続けている。そんな期待を背負いながらも、12のモジュールから構成されるFOOD FABRICATION MACHINEを形にするには膨大な時間とコストがかかる。平凡な担当者であれば「これだけ話題になったんだから十分だよね。具現化はコストがかかるから難しいけど、また新しい妄想を発信しようよ」と和やかな着地をしてしまいそうだが、OPEN MEALS 主宰の榊良祐氏は明らかに広告会社らしからぬ行動力をもっていた。

　「まずは1モジュール、形にしてみようよ」

　そう言い放って、具現化のためにKonelに連絡をくれた。我々もその妄想に感化され、食の未来に大きな可能性を感じることができたので、Backcastのプロセスに参加する旨を即答した。

　そして具現化の対象に選ばれたのが「デザート」を生成するモジュールだ。日本文化として古

くから親しまれている「和菓子」を、新時代の様式に大幅に更新するようなプロジェクトが動き出し、完成したプロトタイプが「サイバー和菓子」だ（**図表8-6**）。

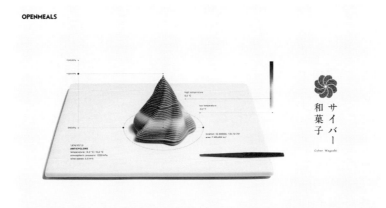

図表8-6　サイバー和菓子
出所：OPEN MEALS

　職人が季節の先取りを意識して彩を考案していくのが従来の和菓子の作り方であるが、サイバー和菓子のプロジェクトでは、気象データから精密に取得した風速・気圧・気温をパラメーターにした「その日その場所限りの和菓子デザイン」を自動生成するアルゴリズムを生み出し、それを3Dフードプリンターで抽出する機構を実装した。

　具現化の過程では、先端技術やプロフェッショナルな人材が雪だるま式で集まったのも印象的だった。完成時には以下のようなメンバーが、未来に向けてリソースを持ち寄る状況が生まれていた。

▼サイバー和菓子 共創チームメンバー（敬称略）
■株式会社電通／OPEN MEALS
　企画・プロデュース・クリエーティブディレクション・アートディレクション
■京都造形芸術大学／京都伝統文化イノベーション研究センター（KYOTO T5）
　伝統工芸を用いたデザイン監修、京都職人のコーディネート
■株式会社クロステック・マネジメント
　関係機関の仲介・あっせん
■坂本紫穂（和菓子作家）
　和菓子監修
■さくらインターネット株式会社
　データ利用環境の構築
■株式会社島津ビジネスシステムズ
　気象データ・アドバイザー、API提供
■武蔵エンジニアリング株式会社
　3Dフードプリンター（Food Innovation Machine）
■Konel Inc.
　リサーチ、エンジニアリング、3Dプリント制御、CG制作、Web制作、映像制作

　DUAL-CASTの解説でも述べたことであるが、解像度が高く可視化された妄想は社会からの期待を生み、いざ具現化する段階では多くの仲間と共創することが可能となる。

　逸脱という切り口から、越境的な実例を紹介した。これらは一部の幸運な人の偶発的な出来事ではない。DUAL-CAST同様、妄想と具現のプロセスには再現性があると考えている。それぞれの実例から要点を見いだし、広告会社に限らず様々な企業で越境にチャレンジしてみてほしい。

CASE 3【対話】
芸術と科学の交差点から未来をのぞく

　本章の最終節に取り上げるのは「対話」から未来を垣間見たエピソードだ。様々なドラマが生まれたプロジェクトであるが故、厚みのある解説となるが、越境を通して未来の可能性を検証するためのヒントを見いだしてもらえるとうれしい。

ブラックボックスにアップロードされる生体データ

　知財図鑑には、生体データのセンシングに関連する技術が複数掲載されている。人体から様々なデータを抽出して価値を生み出すのは、言わば人類の夢でもありSF小説や映画ではそんなシーンが幾度となく登場する。この分野はKonelのクリエイターにとっても特に好物で、前述の「Log Flower」を含め妄想を膨らましては具現化してきた。

　私自身、一日の大半はスマートフォンを持ち歩き、左腕にはスマートウォッチを身に着け、風呂上がりには裸でスマート体重計に乗るような暮らしを続けている。このように膨大な生体データをクラウド上にアップロードしながら生きている人は珍しくない。人々はデータをクラウド経由で事業者に渡すことで、例えば体重をコントロールしたり、心拍異常を検知したりして家族に知らせられるようなセーフティーネットを得ている。つまりパーソナルな生体データと、便利・安心を交換している。多くの人々はこの交換に満足しており、特に文句はないのだが、常に斜めから物を捉えてしまう私はつい余計なことを考えてしまう。

　「このデータは匿名化され、膨大に集計され、別の形でビジネスに活用されているかもしれない？」

　だとすると、「僕の24時間の生体データは1000円くらいの価値を生んでいるかもしれない」といった思考回路で妄想が膨らむ。しかし、この疑問的妄想に答えられる人や企業は、少なくとも私の周りにはいなかった。それくらい生体データをアップロードした後の世界はブラックボックスになっているのだ。「見えない」というのが違和感の正体だった。

　データ企業が利益を出すことに対して異議はないし、むしろどんどん稼いで世の中を進化させてほしいと思っている。ただ、データ企業のビジネス材料が個人の生体データなのであれば、レストランが野菜を仕入れるのと同じようにそこには金銭的原価が発生し、仕入れた材料がどんなふうに料理されていくらで売られているのか分かることで、生活者とデータ企業との関係性がポジティブになるのではないだろうか。

　特にGAFAMをはじめとするデータビジネスの巨人たちは「プライバシーは強固に保護されている」という主張を、お金をかけてテレビCMで放映しているくらいだ。そんなに頑丈に保護されているなら、なおさら生体データを堂々と活用できてもいいはずだ。ここまでが、2010年代に私が初めてスマートウォッチを身に着けてからずっと心に留めてきた疑問だ。

　一方、Konelのメンバーは続々とデータを活用した作品を開発しては発表し、その中には「脳波」を材料として音楽や映像を生成するトライも何度か行われていた。アルファ波、ベータ波、ガンマ波など、様々な周波数帯域に分けられる脳波は、まだまだ取得方法に発展の余地は大きく、市販の脳波計測器で取得できるのはノイズの多いデータであり、解析の難度も高い。ただ人の思考をつかさどる「脳」から直接取得できるデータには、ロマンがある。そして「これがあなたの脳波データです」と波形を見せると一言目に「恥ずかしい」と感想を述べる人も多く、プライバシーが詰まっていると感じられるデータであるようだ。そんな考察を重ねるうちに、私たちはすっかり脳波の魅力にはまってしまった。

「脳波買取センター BWTC」開設

　脳波データの活用経験も積み重なってきたある日、東京を代表するラジオ局の一つ「J-WAVE」から同社が主催するテクノロジーと音楽の祭典「INNOVATION WORLD FESTA 2021」に作品を出してほしいとオファーをもらった。生体データ活用のブラックボックスに対する疑問が高まり続けていた私は、メンバーとのブレストでこんなアイデアに出合い、一気に具現の欲望が高まってしまった。

　「脳波の自動買い取り機を作りたい」

　お金を入れるとジュースが買える自動販売機ではなく、脳波を入れるとお金が出てくる自動買

い取り機。買い取ってどうする？ということはさておき、とにかく自動買い取り機を作りたくてたまらなくなってしまった。小学生だろうが総理大臣だろうが等しい価格で脳波を買い取り、何かしらの価値に変換して、値段をつけて販売する。その一連の流れをガラス張りにすると、人々はどんな未来を想像するだろうか。こんな問いをぶつけて社会と対話することがチームの目的になり、その手法として「脳波買い取り」を現代アート作品として制作することを決めたのが2021年8月ごろのことだ。

残念ながら、同年10月に開催された同イベントには制作が間に合わず別の作品を出すことになったのだが、着手から11カ月後の2022年7月、私たちは東京都千代田区に「脳波買取センターBWTC」(以降、BWTC)を開設し、1000人の市民から合計100万円分の脳波を買い取ることを宣言した(**図表8-7**)。

BWTCでの体験フローはこうだ。

1. 脳波自動買い取り機に、個人情報にはあたらない属性データ(性・年齢・イニシャル)を入力する。※性・年齢の入力は任意
2. 「買い取り時に思考すること」をアルファベットで入力する。
3. 脳波自動買い取り機から取り出した脳波計を装着し、100秒間思考する。
4. 取得した脳波データから「脳波絵画」作品が自動生成される。
5. 対価として1000円(10枚の100円玉)を自動買い取り機から受け取る。
6. 2.で入力されたアルファベットが絵画のタイトルとなり脳波絵画が値付けされる。
7. BWTCのECサイトで脳波絵画が即時に販売される。
8. 自分や他人の脳波絵画を購入するも良し、そのまま帰っても良し。
9. 購入した脳波絵画は印刷され、購入者が指定した場所に届く。

「脳波計」という技術にインスピレーションを受け、具現化された妄想が社会からどのような反応を得られるのか、全くもって未知数のままBWTCはオープンしたのだが、SNSやメディアでの反響も大きく、初日の開店前から列ができ、連日多くの方に来場してもらうことができた。

アートに関心がある層だけでなく、子供から老人、日本人だけでなく外国人まで、幅広い層の市民が脳波を売ってくれた。もちろん「お金がもらえる」という体験はとても強烈で、お金目当て

で来場された方も多くいたと思う（最大で22回計測しに来てくれた男性もいた）。

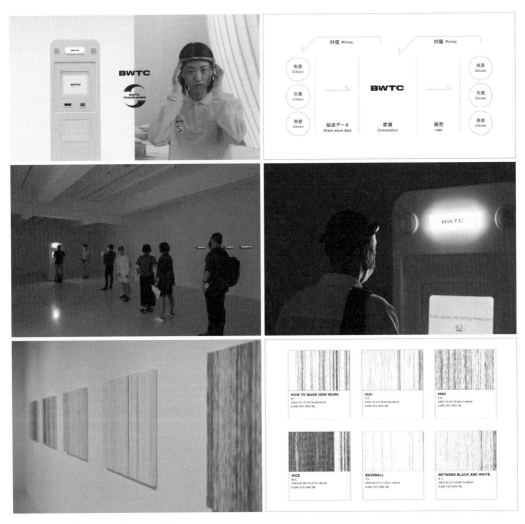

図表8-7　脳波買取センター BWTC
出所：Konel

　一方で、手にしたお金で数千〜1万円台の脳波絵画を買ったり、会場内に設置した自動販売機で
ジュースを買ったりする人も多くいた。自身の脳波絵画が高く値付けされると喜ぶ人や、安く値
付けされると「買いやすい」と喜ぶ人もいた。「ワクワクする」とツイートする人もいたし、「怖い」

と感想を述べた人もいた。一様ではない価値観が混在し、生体データが透明性を持ったバリューチェーン上で流通していく現象を多くの人が目撃した。

来場者との議論はとても興味深く、「未来の自動販売機には通貨やICカードでの決済だけでなく、脳波をセンシングするモジュールが搭載され、手ぶらでジュースが買える時代が来るかもしれない」と盛り上がったこともあった。こういった可能性については、アートの世界を飛び出して企業とも議論を発展させたいものだ。

交差する芸術と技術

盛況のうちに幕を閉じたBWTCは、多くのパートナーの協力や協賛に支えられていた。その全貌を語るための機会は別に設けたいが、ハコスコ社との越境のストーリーは特筆すべきだ。

神経科学者でもある藤井直敬氏が創業した同社は、VRやメタバースに関する事業を最前線で展開しながら、同時に脳波計の販売や脳波活用アプリの実装を手掛けるスタートアップ企業だ。段ボールを折ってスマートフォンを差し込むことで誰でも簡単につくることができるVRゴーグル「ハコスコ」は同社のヒット商品であり、未来を現実に引き寄せることに秀でた企業である。

BWTCの構想中、よりスマートに脳波取得と解析を可能にする脳波計を探していたところ、知財ハンターでもあるAR三兄弟の川田十夢氏から藤井氏を紹介された。藤井氏は二つ返事で企画に賛同し、「Focus Calm」という脳波計と解析技術の提供を快諾してくれた。

そこまでは、企業が物品協賛するという、よくあるケースかもしれないが、科学者でもある藤井氏はもっとダイナミックな越境をしてきてくれたのだ。印象深い3つの越境を共有したい。

脳波データの管理ポリシー

脳波はセンシティブなデータであるが故に、その取り扱いには安心と安全が必要だと当初から気を配りながら体験を設計してきた。具体的には、名前・住所・電話番号など個人情報を取らないということを徹底していた。

前例のない試みでもあるため、それだけで十分なのか？という一抹の不安はあった。藤井氏は

そんな私たちにデータをより安全に管理するためのサーバー構成や、サイン取得方法など、詳細な指摘を与えてくれた。その指摘は弁護士との詳細な議論に結びつき、法的な観点で熟考を重ねることができた。刺激的な体験をつくることが得意なクリエイターであっても、特定の専門領域においては地図を持っていないことがほとんどであり、専門家のガイドはとてもありがたい。

翻って、脳波の専門家の間では「脳波データを買い取り、変換して販売する」という事例がこれまで顕著になっていなかったため、BWTCが開催されることで、データの管理ポリシーに関して議論すべきポイントが浮かび上がったそうだ。「脳波買い取り」がビジネスとして現れるのを待っていたら、こういった議論は数年先になっていたかもしれないが、現代アートとしてのBWTCがサイエンスやリーガルの領域に越境して議論をもたらしたのは興味深い現象である。

有識者がドネーションした脳波が NFT に

アカデミックやサイエンスの世界で専門分野を追求する有識者は「お堅い」というイメージをまとっていることが多い。しかしそのイメージとは真逆の出来事が起こった。

BWTCの構想として「脳波絵画」を物理的に印刷して販売するという発表をした直後から、唯一性のあるデータ作品としてNFTを発行してほしいというリクエストを多数受けていた。そのことを藤井氏に伝えると「脳波を無償提供するから、実名も公開して脳波絵画を販売していいよ」というオファーをもらった。つい先日までデータのプライバシー管理について侃侃諤諤（かんかんがくがく）ディスカッションを重ねていたのに、実名公開で作品を販売してよいと言われたことに驚き、喜んだ。そして越境の輪は藤井氏を中心として、「ブレインテックコンソーシアム」に関係する4人の有識者に広がった。

・暦本純一氏　　　　（情報科学者。東京大学大学院情報学環教授、ソニーコンピュータサイエンス研究所フェロー・副所長・SonyCSL Kyoto ディレクター）
・八谷和彦氏　　　　（メディア・アーティスト）
・北川拓也氏　　　　（起業家。Well-being for planet earth財団、雲孫財団の共同創設者、理事。元楽天常務執行役員・チーフ・データ・オフィサー）
・太田良けいこ氏　　（ハコスコ 代表取締役 CEO）
・藤井直敬氏　　　　（医学博士／ハコスコ 代表取締役 CSO・最高科学責任者）
　　　※肩書は発表当時のもの

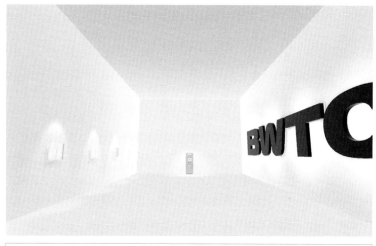

図表8-8　メタバース空間上のBWTC
出所：Konel

　総勢5人の有識者から「脳波のドネーション」を受けることになるとは、妄想段階では全く想像していなかった。クリエイターとして、こういった有識者と未来に関する対話ができるのは何より刺激になり、作品は一段と引き締まった。

メタバースへの拡張

　さらに越境は進む。遠方にいるため、あるいはコロナ禍の影響で会場に行くことが難しいため、「メタバース空間を用意してもらえないか」と、BWTCがオープンする前からそんなリクエストを方々から受けていた。ならば「NFTを販売するストアをメタバース上に設けないか」とハコスコ社側が打診してきてくれた。オープンまで残り2週間程度しか時間が残されていないが、同社が開発中のECメタバースストアのサービス提供を受けることで実現できると提案を受け、すぐに着手した。ハコスコの技術メンバーとの対話の中心は「制約」ではなく「体験の質」に置かれていて、対話を重ねるごとにお互いが実現難度のハードルを上げていった。その結果、もともとは当該サービスのテンプレートをベースに効率的に開発することを予定していたが、結果的にフルカスタマイズされたメタバース空間が出来上がっていた（**図表8-8**）。

「BWTC Metaverse Store」
https://hacosco.net/BWTC

　NFTの決済方法に関しても、厚みのある対話が繰り返された。BWTCとしては、テクノロジーに対するリテラシーに依存せず、幅広い方に脳波絵画を手に入れるチャンスを見いだしてもらいたかったので、仮想通貨のウォレットをもっていなくても「欲しい」と思ったらすぐに購入できる仕組みを理想としていた。対話の結果、メタバースストアで鑑賞し、気に入ったらすぐにクレジットカードで「NFTの受け取り権利」を購入するという、シンプルな仕組みが実装された。現実世界でのBWTCは会期をもって幕を閉じたが、メタバースストアは引き続きクラウド上に存在しているので、ぜひ訪問してみてほしい。

　このように、社会からのリクエストを受けて生まれた妄想が、見る見るうちに具現化されていくプロセスは刺激的で、関わる全員が脳に快感を覚えていたはずだ。芸術と技術が交差し、対話が生まれることで、さながらプリズムのように可能性の光が様々な角度に分光していくような体験であった。

　BWTCは現代アートとして、市民が脳波を売り、データから変換された脳波絵画が透明性をもっ

て流通するというモデルを提示したが、今後は作品としての発展のみならず、得られたデータや考察を基にビジネスやサイエンスの領域にいるプレーヤーと未来の可能性を探る活動を積極化していく。以上が越境によりオープンイノベーションが加速した実体験だ。

少しでも共創のダイナミズムを感じてもらえればうれしい。

ダ・ヴィンチの肩書

　長らく本書を読み進めてくれたあなたは、妄想の欲望が高まっているだろうか、それとも具現の欲望が高まっているだろうか。ここまで重ねて述べてきたように、妄想は具現を呼び、具現は新たな妄想を生む。深い洞察の基に見立てられるForecastは、力強いBackcastにつながる。未来の可視化によって、体験を検証する動機が生まれる。双方向に引き寄せ合うDUAL-CASTの醍醐味をつかんでくれているなら、ぜひ今日から行動してみてほしい。

　最後に、誰もが知る天才レオナルド・ダ・ヴィンチの話をしたい。彼のように天才的な能力を得ることは難しいかもしれないが、着目すべきはその活動領域の広さだ。

　Wikipediaにはこう書かれている。

　音楽、建築、料理、美学、数学、幾何学、生理学、組織学、解剖学、美術解剖学、人体解剖学、動物解剖学、植物解剖学、博物学、動物学、植物学、鉱物学、天文学、気象学、地質学、地理学、物理学、化学、光学、力学、工学、流体力学、水理学、空気力学、飛行力学、飛行機の安定、航空力学、航空工学、自動車工学、材料工学、土木工学、軍事工学、潜水服などの分野に顕著な業績と手稿を残したとされる。

　科学者でもあり、アーティストでもあり、ビジネスの観点も併せ持っているダ・ヴィンチが名刺を持っていたとしたら、そこにはいくつの肩書が連なっていただろうか。彼が生きた15、16世紀には、そこまで細かい分類がなされていなかっただろうが、この幅広さ、越境にもほどがある。

　ビジネス、テクノロジー、アート、サイエンス、エンターテインメント……。誰もが専門性を持つことは有意義だが、他の専門性に足を踏み入れない理由にはならない。未来を引き寄せられる人は、自己の専門性を拡張させていくことも、他者の専門性と掛け算を行っていくことも同時に考えられる人だ。

　ダ・ヴィンチも1人ですべてを生み出したわけではなく、数多くの共創パートナーがいたはずだ。そして、共創意欲をかき立て、プロジェクトをデザインする能力も高かったに違いない。未来への欲求を可視化して行動する人には、必ずチャンスが引き寄せられる。いきなりプロジェク

トを立ち上げることが難しくても、まずは「プロジェクトデザイナー」や「知財ハンター」など、自分の名刺に新たな肩書を追加してみることから始めてみてはどうだろうか。

完

知財ハンター / プロジェクトデザイナー / プロデューサー /

クリエイティブディレクター / アーティスト

出村光世

おわりに

　親の薦めでヴァイオリンを習い始めたのは4歳からだった。クリスチャンの家系に生まれたこともあり、賛美歌に合わせて伴奏するような場面もよくあった。たしか中学2年ごろまで続けていた。オーケストラのメンバーとのグルーヴを体感したり、同じ音階でも鳴らし方が一つではないことに気づいたり楽しいことはあったが、「楽譜」というルールの中で演奏することに窮屈さを感じていた。その反動もあってか、小学校4年の時にたまたまとなり町の小学校で見つけた「発明クラブ」に通うのはえらく楽しかった。

　自転車の傘差し運転をしていると「危ないから絶対やめろ」と学校の先生にキツめに指導され、素直に従いたくない私はヘルメットに切断した傘をジョイントして「傘メット」を発明し、実用した。初回の走行で風圧に耐えられず、いとも簡単に故障したが、ジョイント方法の強化を試しているうちに、言葉にできないような楽しさを感じていた。左脳からも右脳からも快楽物質が出ていたと思う。恐らくこれが、自分にとって初めて具現化した妄想だった。

　絵は下手な方だったが、ヘルメットに傘が刺さっている、とても平面的な図を描き、妄想を可視化して母にプレゼンテーションした。「いいじゃん」とリアクションをくれた母は、物置からいつかのクリスマスプレゼントだった赤レンジャーの変身ヘルメットを掘り起こしてきた。そして一緒に黄色い傘の柄を切断し、正面の素材を透明に張り替える作業を手伝ってくれた。

　これは子供がいる家庭ではよくあるシーンの一つな気がするが、本書で伝えたかったエッセンスが詰まっている。

　「いいこと思いついた！」と妄想を語るだけでなく、手に入るリソースを集めながら具現化し、実際に試して次のステップを踏むことは、純粋に楽しいのだ。自分だけでなく、周りにいる人とも楽しさを共有することができる。今思えば、毎週となり町の発明クラブまで送り迎えをしてく

れていた母は、妄想に共感してくれた最初の共創パートナーだったし、発明クラブは当時の自分にとって具現化した妄想を発信したり検証したりするための場だった。

　残念ながら当時の私には傘メットを特許出願するという発想はなかったが、企業がこのアイデアを買って、製品化され、傘さし運転をする自転車ドライバーが町にあふれることを結構まじめに想像していた。こんな原体験から、知財図鑑では小学生の自由研究も知財であると捉え「超・自由研究アワード」を不定期に開催しており、たくさんの研究成果が集まってきている。

　2021年に超・自由研究アワードを受賞した「おいしい点字作成そうち」は、点字を食べ物の表面に打てる装置だ。64種類の点字パターンを表現できる型にアイシング素材を入れることで、"食べられる"点字を出力する。傘メットよりも実用性の高いこの研究は、知財図鑑に知財として登録されているので、ぜひ見てほしい。事業化したい企業があればコンタクトしてほしい。

　重ねて伝えるが、妄想と具現はセットになることで乗算的な効果を発揮する。しかしこの社会において妄想をする人口は多く、具現化する人口は少ない。ひとたび居酒屋の暖簾をくぐると「話題のあのサービス、俺も2年前に考えてたんだよね」と、かばんから当時のメモ帳を取り出すようなビジネスパーソンの姿を目にすることがある。私が生きてきた中でも、一度ではなく複数回は目撃しているので、体感的にもそういう「妄想家」は相当数いるはずだ。

　そんな数多の妄想家に、吉報を伝えたい。今日はとてもいい時代になってきたのだ。絵を描くのが下手な人でも、AIにキーワードを伝えれば妄想を可視化することもできる。そしてもう一つ重宝するのが自宅に大量に届く段ボールだ。Konelでは必ずと言っていいほど「段ボール・プロトタイピング」を具現化の第一歩にしている。BWTCの脳波自動買取機も、最初は段ボールをつなぎ合わせた無機質なきょう体だったが、大きさを体感できた瞬間、メンバーの熱量は明確に上昇した。さらにSNSがいまだ見ぬ共創パートナーをつなげてくれるかもしれない。そう、思った以上に妄想の可視化も、体験化も簡単に始められる。

　そして何より、妄想した人は必ずしも具現化に責任を持たなくてもよい。忙しいあなたの代わりに、誰か別の人が具現化してくれてもよいはずだ。メモ帳の中に閉じ込めてアイデアを発酵させるくらいなら、段ボールでプロトタイプをつくってTwitterに投稿することから始めてみてはどうだろうか。

　他方、ものづくりや表現づくりにたけた「具現家」たちにも伝えたいことがある。「自分のアイデアではない」ということは、あなたが具現化しない理由にはならないということだ。誰かの妄想にピンときたら、まずはリアクションしてみてほしい。とりあえず自分の意見を添えてリツイートするくらいのライトなリアクションでもいい。純粋な共感を示すことが大切だ。あなたが持つ技術やスキルが、誰かの妄想のロストピースになることは十分にあり得る。

　だから、もしひと手間かけられるなら、あなたの技術もインターネット上にまとめて公開してほしい。自社サイトやブログ、SNSで公開することから始めてもよいし、発信方法に迷いがある場合は知財ハンターに相談してくれれば全力で支援する。知財図鑑は妄想家と具現家をつなぐプラットフォームとしてこれからも多方面に技術を取り上げていく（遠くない将来、知財図鑑は技術を持つ人が自ら内容を公開できるようになると妄想している）。

　妄想と具現に上下関係は存在しない。どちらが欠けても、未来はつくれない。一人でも多くの妄想家と具現家が出会える社会を目指していきたい。

　末筆になったが、仕事をしていて一番よく聞かれる質問に対して、この場を借りて回答したい。

問　「Konelや知財図鑑の、企業としてのゴールは何ですか？」
答　「日々あふれてしまう妄想を、すべて具現化し続けることです」

　何が正解かは分からないが、試さないことが一番罪深い。試し続けることで未来を形づくるための引き出しを増やしていくのが我々の存在意義だ。

　欲望を形にする、というミッションの下に集まってくれたKonel・知財図鑑のメンバーに。日々刺激的なテクノロジーを飛び交わしてくれる知財ハンターのみんなに。私たちと共に未来実装を楽しんでくれているパートナーに。知財図鑑の立ち上げ当初から、熱心にプロボノとして専門的な支援を続けてくれている弁理士の若林裕介氏に。無邪気な小学生の妄想に付き合ってくれた母に。必死で校正を手伝ってくれた父と弟に。初めての書籍執筆にめげている私の背中を押し続けてくれた妻に。次世代に向けた妄想を毎日プレゼンテーションしてくれる息子たちに。大きなリスペクトと感謝を伝えたい。

妄想から始まる発明、発明を飛躍させる妄想
──知財図鑑編集部より

　本書は「知財図鑑」というWebメディアの立ち上げ前夜から、3年間の運営期間を経て体得した知見を基に、Konelと知財図鑑の特徴である「妄想と具現」のエッセンスを凝縮したものになっている。知財に関して全くの門外漢だった私たちだからこそ、偏見なく業界の課題感や特有の慣習と向き合い、まだ見ぬ技術の面白さや先進性、知財とクリエイターが出合うことの可能性に興奮することができたのだと思う。

　特許の世界においては、その発明者による「着想と具体化」が認定の基準とされている。そこで、特許を起点にどんなアイデアでも受け入れられるように「妄想」とし、飛躍したアイデアを現実に着地させる様子を「具現化」と表現して、本書のタイトルを「妄想と具現」とした。一見するとビジネス書っぽくないたたずまいの言葉ではあるが、伝えたいことが的確に抽出されていると思う。「妄想を気軽に発信し、共感した誰かと共創し、具現化して世の中に投げ込んでみる」。出村がつづった少年時代の原体験はそのまま、企業活動における新規事業創出のフレームに当てはまるのではないかと、私を含め編集部一同、実感を持って感じている。

　私たちとDUAL-CASTを実践した知財部門や新規事業部門の担当者からは「こういうやり方はこれまで社内でできなかった」「妄想すること自体が受け入れられなかった」、研究者からは「こんなユースケースは研究中に考えもつかなかった」「自分たちだけでは絶対に出てこなかったアイデアが出てきた」そういう趣旨の言葉を多く頂いている。

　かつて日本は「ものづくり大国」で、高い技術力と豊かで独創的なコンテンツが魅力だった。長引く不況や円安による国際競争力の低下はそういう実績を忘れさせてしまうほど、国全体の自信を失わせ、目指すべき方向を見失っているように見える。だが、過去に熱心に研究された（が、事業化に至っていない）数多くの特許たちは、妄想のアイデアと、具現化できるパートナーとの出合いによって生まれ変わることができるのではないか。

　もし妄想から新たな「特許」が生み出せれば、さらに多くの妄想を重ね、具現化の機会を得ることで、例えば魅力的なまちづくりや、人を引き付けるコンテンツ、社会を熱狂させるサービスが生まれるかもしれない。妄想は、技術だけでなく、こうした応用性の高いリソースにも適用する

ことができる。

　先人たちの努力の賜である無数の知財は、まだ静かに実を結ぶときを待っているだけだとしたら。知財図鑑は、そうした「発酵する知財」にあらゆる角度からの出合いを創出したいという思いで運営されている。

　そして、「知財ハンター」という社会的価値のある肩書を広めるべく立ち上げた「知財ハンター協会」という自律分散型組織での活動も本格化していくので、ぜひ知財図鑑の公式サイトを見てほしい。本書を通じて、ひとつでも多くの知財に光が当てられ、まだ存在しないプロダクトやユニークなサービスを妄想し、わくわくする未来に思いをはせる人が増えれば幸いだ。

　　　　　　　　　　　　　　　　　　　　　荒井亮（「知財図鑑」共同代表・編集長）

企画構成

荒井亮、松岡真吾、福島由香

妄想画家

ajisa、ソノナカ、早瀬真菜美、田嶋千寛、澤田麻由子、町田緑

編集協力

加藤なつみ、熊倉正敦、若林裕介、浅見旬、柴田悠
百瀬莞那、真鍋創人、丑田美奈子

株式会社 コネル

Konelは「妄想と具現」をテーマに、30職種を超えるクリエイター／アーティストが集まるコレクティブ。 スキルの越境をカルチャーとし、アート制作・研究開発・ブランドデザインを横断させるプロジェクトを推進。日本橋・下北沢・金沢・ベトナムの拠点を中心に、多様な人種が混ざり合いながら、未来体験の実装を続けている。 主な作品に、脳波買取センター《BWTC》(2022)、パナソニックの共同研究開発組織「Aug Lab」にて共作した《ゆらぎかべ - TOU》(KYOTO STEAM 2020 国際アートコンペティション スタートアップ展) や、フードテック・プロジェクト OPEN MEALS (オープンミールズ) と共作した《サイバー和菓子》(Media Ambition Tokyo 2020) など。

株式会社 知財図鑑

知財図鑑は、知財と事業をマッチングさせるクリエイティブ・メディア。クリエイターの視点でテクノロジーを分かりやすく解説し、未来を「妄想」することで活用の可能性を提案している。特許技術だけでなく、プロダクトやサービス、実用的なAPIまで、広義の「知的財産」を対象に編集を行う。大小様々な企業や大学の研究機関と接点を持ち、日常的に知財を「ハント」し、新規事業者にとって活用のイメージが湧きやすい情報を発信する役割を担う。新しいテクノロジーに精通し、新たな体験の設計にたけたクリエイターが「知財ハンター」として活動している。

著者プロフィール

出村光世 Mitsuyo Demura

Konel 代表 / プロジェクトデザイナー
知財図鑑 代表 / 知財ハンター

アクセンチュアにてビジネスコンサルティングに従事しながら、2011年に
Konelを創業。同年、東急エージェンシーでのパラレルワークを始め、2017年
まで広告プロデューサーとして活動。2017年よりKonelの経営を本格化させ、現在では日本橋、金沢、下北沢、
ベトナムを拠点とし、30職種を超えるクリエイターとアート／研究開発／デザインを越境させるプロジェクト
を推進。2020年、新規事業のための知財データベース「知財図鑑」を創業。50人を超える知財ハンターと共に
テクノロジーと未来の洞察を続け、オープンイノベーションを促進させるためのメソッド「DUAL-CAST」を発表。
代表的なプロジェクトに、「脳波買取センターBWTC」「ミカン下北」「#しかたなくない」「ゆらぎかべ-TOU」など。
One Show／D&AD／Red Dot／ACC／グッドデザイン賞など国内外での受賞歴多数。早稲田大学理工学部経営
システム工学科卒。

Konel	https://konel.jp/
知財図鑑	https://chizaizukan.com/
Twitter	@dem_yeah
共創のご相談	hello@konel.co.jp

妄想と具現
未来事業を導くオープンイノベーション術 DUAL-CAST™

2023年1月16日　第1版第1刷発行	著　　　者	出村 光世
	発 行 者	小向 将弘
	発　　　行	株式会社日経BP
	発　　　売	株式会社日経BPマーケティング
		〒105-8308
		東京都港区虎ノ門4-3-12
	装　　　丁	宮田 大 (Konel)
	制　　　作	マップス
	編　　　集	松山 貴之
	印刷・製本	図書印刷

Printed in Japan
ISBN978-4-296-20155-6